LIDERANÇA
FLUIDA

LOUIS BURLAMAQUI

LIDERANÇA
FLUIDA

CONSTRUINDO AMBIENTES

ONDE VALE A PENA VIVER

E PRODUZIR EM

ALTA PERFORMANCE

MEROPE
editora

Copyright © Louis Burlamaqui, 2020
Copyright © Editora Merope, 2020

PROJETO GRÁFICO E DIAGRAMAÇÃO	Desenho Editorial
ILUSTRAÇÕES	Luis Cláudio Vianna
CAPA	Luis Cláudio Vianna
COPIDESQUE	Opus Editorial
REVISÃO	Hebe Ester Lucas
COORDENAÇÃO EDITORIAL	Opus Editorial
DIREÇÃO EDITORIAL	Editora Merope

Todos os direitos reservados.
Proibida a reprodução, no todo ou em parte,
através de quaisquer meios.

Dados Internacionais de Catalogação na Publicação (CIP)
(Câmara Brasileira do Livro, SP, Brasil)

Burlamaqui, Louis
  Liderança fluida : construindo ambientes onde vale a pena viver e produzir em alta performance / Louis Burlamaqui ; ilustração Luis Claudio Vianna. -- Belo Horizonte : Merope Editora, 2020.

  ISBN 978-85-69729-21-1

  1. Administração de empresa 2. Cultura organizacional 3. Gestão de negócios 4. Liderança I. Vianna, Luis Claudio. II. Título.

20-32761   CDD-658.4092

Índices para catálogo sistemático:
1. Liderança : Administração de empresas 658.4092
Iolanda Rodrigues Biode - Bibliotecária - CRB-8/10014

MEROPE EDITORA LTDA.
Rua Bernardo Guimarães, 245 sala 1602
30140-080 – Belo Horizonte – MG – Brasil
Fone/Fax: [55 31] 3222-8165
www.editoramerope.com.br

SUMÁRIO

Introdução... 7

Capítulo 1 – *Tudo está interligado*.. 11

Capítulo 2 – *Desatando os nós da liderança*............................ 27

Capítulo 3 – *Primeira onda – senso de responsabilidade*........... 53

Capítulo 4 – *Segunda onda – senso de alta performance*........... 99

Capítulo 5 – *Terceira onda – senso de sinergia*....................... 143

Capítulo 6 – *Quarta onda – senso de inovação*........................ 183

Capítulo 7 – *Liderança fluida aplicada*................................... 219

**Um breve ensaio final: as organizações fluidas
e o ser humano**.. 233

Agradecimentos.. 235

INTRODUÇÃO

Minha jornada no mundo empresarial se iniciou em 1983, quando comecei a trabalhar em empresas de comércio varejista e atacadista com meus pais. Mesmo aos 15 anos de idade, já almejava um futuro com planos e realizações. Minha decisão de trabalhar com a família partia de uma premissa muito clara: precisaria ser profissional. Estabeleci minhas condições e a pretensão de comprar ações assim que pudesse demonstrar minha competência. Sempre fui muito ousado, dedicado e precoce. Com alguns anos de trabalho, ajudei meus pais a alavancar o negócio e adquiri 1% das ações da empresa, tornando-me assim sócio, e não herdeiro. Minha ambição por saber e aprender o máximo possível me impeliu a fazer centenas de cursos, palestras e congressos. Mal sabia eu que essa sede de conhecimento me levaria, ao longo dos anos, à leitura de mais de 3 mil livros. Meu processo de aprendizagem era ininterrupto e cedo descobri que minha vocação era para a esfera da educação e aprendizagem. Assim decidi sair das empresas e fazer uma inversão radical de carreira para a área de educação corporativa.

Atuando em educação desde os 19 anos, aos 23 abri minha empresa de consultoria e associei-me a instituições internacionais. A partir de então, passaram por nós mais de quinhentas organizações nacionais e globais e realizamos processos de consultoria e aprendizagem para mais de 100 mil profissionais, além dos mais de cem consultores, treinadores e especialistas que estiveram conosco durante todos esses anos.

Ao longo de minha vida, dediquei-me a entender e a experimentar a realidade das pessoas nas diversas áreas das organizações. Sempre gostei de entrar no cotidiano dos clientes, literalmente. Convivi com motoristas de caminhão para entender de logística; vivi o dia a dia de centros de distribuição para aprender sobre fluxo e roubo de carga, a mapear processos bem e mal desenhados, a entender por que alguns ambientes geram desgaste; acompanhei de perto repositores de produtos em supermercados e atacados; ajudei a reconstruir processos no setor hoteleiro que primassem pela excelência; estudei a respeito de minas e mineração *in loco*; treinei profissionais que se encontravam a 1,3 quilômetro abaixo da terra; minha empresa realizou dezenas de jornadas de clientes para varejo, ajudou no desenho estratégico de mais de duzentas organizações; estudei o processo siderúrgico no Brasil; mapeamos sistemas de vendas em laboratórios e na indústria farmacêutica; construímos inúmeros *team building* para bancos e atuamos com inúmeras indústrias alimentícias; empenhamos esforços em mudar o *mindset* de muitas empresas de tecnologia de informática; atuei diretamente junto a vários CEOs, ajudando-os a resolver questões de governança e desafios relacionais com conselhos; contribuímos para a melhoria dos serviços públicos do governo federal, dos governos de Goiás, Bahia e Minas Gerais e dos tribunais de justiça, entre outras centenas de negócios.

Meu propósito de vida revelou-se claramente muito cedo: potencializar pessoas. Tudo o que fiz ao longo dos anos foi ajudar pessoas a darem o melhor de si, e aprendi a fazer isso com metodologias para organizações, o que permitiu que eu me especializasse em situações organizacionais complexas envolvendo pessoas.

Tudo em minha vida profissional corria de forma muito clara e precisa, como dois e dois são quatro. Em 2002, porém, passei por uma mudança de consciência inexplicável que transformou minha forma de ver o mundo. Era como se eu tivesse dormido um e, no dia seguinte, acordasse outro, percebendo o mundo e as pessoas de uma maneira completamente distinta. Isso certamente não transpareceu de imediato para as pessoas que conviviam comigo, mas foi se acentuando no decorrer dos anos e provocou em mim uma disrupção interna em relação à minha identidade e à minha *persona*. Passei a enxergar as máscaras e os sistemas sociais condicionantes que envolvem nossa espécie de uma forma muito clara. Consequentemente, isso fez que eu mudasse toda a linha de trabalho que vinha desenvolvendo e passasse a integrar e incorporar uma nova visão em minha atividade: a consciência.

De certa forma, acabei mudando toda a minha equipe e me desidentifiquei com muita gente, assim como recebi em minha vida centenas de pessoas que vibravam na mesma frequência que eu.

Comecei a fazer experimentos e ensaios voltados a uma nova forma de trabalhar a liderança pela consciência. Em 2011, publiquei um livro sobre o tema chamado *Flua*, que alcançou um sucesso surpreendente. O livro não só confirmou o que eu acreditava como abriu um oceano de possibilidades para ajudar as pessoas a despertarem para seu potencial máximo.

Esse trabalho se amplificou e passei a me conectar com inúmeros pensadores de administração ligados à consciência, Ph.D.s em física, filosofia, sociologia e muitos outros estudiosos de primeira linha. Tais pessoas e a rede que construí confirmaram progressivamente os experimentos corporativos que eu fazia, e as próprias organizações passaram a investir conosco no desenvolvimento de lideranças em todo o seu *pipeline*.

Nos anos 1980, eu estive com o autor e futurista Alvin Toffler, em Belo Horizonte, onde ele fez uma palestra sobre as ondas no mundo e seus efeitos sociais. Suas palavras nunca saíram da minha mente. Ao longo dos anos, estudando sobre nossas origens tribais, ancestrais, a maneira como a nossa sociedade se desenvolveu, percebi algo muito claro: seres humanos são influenciados por fatores ambientais, globais e sociais. Existem condições que afetam os comportamentos. E quando se interfere nessas condições com consciência, modificam-se comportamentos.

À medida que investigava o assunto, decidi criar, com minha equipe, técnicas que interferissem nas condições que influenciavam as pessoas. Com o tempo, transformamos esse estudo em metodologias e começamos a levar esse conceito em maior grau para dentro de ambientes corporativos.

Toda a nossa experiência prática, associada a um novo nível de consciência e ao uso de metodologias que influenciavam o ambiente e a performance das pessoas, levou-nos a constatar que a liderança não deveria mais seguir os modelos clássicos, como a autocrática, a democrática ou a de rédea solta, tampouco definir-se por situações. A liderança deveria contemplar todos os estilos, deveria ser fluida.

Os novos tempos são líquidos, e a liderança que trará mais resultado será a liderança fluida. É disso que trato nesta obra.

Ao longo de nove anos, apliquei as metodologias transformadoras exaustivamente em negócios de diferentes tipos e tamanhos. Empresas públicas e privadas, de 20 a 60 mil funcionários, experimentaram esse conceito metodológico.

Os mais de trinta anos de aprendizagem corporativa me ajudaram a oferecer um processo completo e testado para a realidade de muitas organizações e para a vida profissional de inúmeros líderes. Agora apresento-o a você, leitor, neste livro.

Espero que esta leitura possa inspirá-lo a ser um líder melhor, consciente, fluido, e com isso construir uma vida espetacular para você e seus próximos.

Bem-vindo à liderança fluida!

Louis Burlamaqui
São Paulo, 28 de agosto de 2019

CAPÍTULO 1

TUDO ESTÁ INTERLIGADO

___ OS DOIS MUNDOS ___

Há uma história que narra a cena em que uma mãe vê dois filhos brigarem por uma laranja. Para acabar com a disputa, ela pega outra laranja e dá ao menino que reclamava. Pouco tempo depois, a mãe nota que um dos filhos queria ficar com as cascas e o outro, comer as frutas.

Essa cena aparentemente banal traduz um pouco o paradigma que vivemos neste tempo de transição e mudança de percepções. Presenciamos a emergência de um novo modelo de mundo que contrasta com o velho mundo.

O velho mundo está baseado na ideia de que somos separados e temos que competir e lutar. Esse é um raciocínio que chamo divisionista. Tudo deve ser dividido em um ambiente no qual cada um luta pela sua parte. Não existe nesse mundo espaço para a noção de construir pelo outro, gerando abundância para todos.

Retrocedendo na história, enxergamos que dividir ajuda a dominar. Encontramos esse raciocínio nas conquistas de Júlio Cesar, por exemplo, cuja estratégia buscava uma maior fragmentação da sociedade para enfraquecê-la.

Esse mundo é representado pelo "nós contra eles". Segue a máxima do pensamento único: quem pensa diferente de você ou do seu grupo é um inimigo, deve ser combatido e então eliminado. Muitas correntes ideológicas são claramente um reflexo do velho mundo divisionista. São incapazes de ver além do seu objetivo revolucionário de implantar uma lógica social avessa ao *status quo* existente. A discussão de modelos, do processo "tese-antítese-síntese", certamente faz parte da evolução social das relações e da sociedade, mas a formação do pensamento divisionista fortalece a ilusão de separatividade que vivemos.

Em muitas empresas que passam por transições na alta direção, é comum observar que, quando um grupo assume o controle, ele procura destruir tudo o que o grupo anterior construiu, não importando se foram boas ou más decisões; isso simplesmente porque a nova gestão precisa de uma nova referência, e, para tanto, seus representantes tentam apagar os feitos da gestão anterior, como se a história de ambas não pudesse coexistir.

É claro que o fator confiança é crítico para um movimento diretivo consistente, mas o raciocínio do "nós *versus* eles" às vezes aparece como um fator dominação.

Nossas estruturas de governo são separadoras. O mundo todo está dividido em territórios onde cada qual busca se defender e proporcionar o melhor para seu povo. É notório que não sairemos desse modelo enquanto não encontrarmos um propósito comum.

Mesmo que o sistema seja territorialista, a mente não deveria sê-lo. A mente divisionista é defensora e protetora de interesses. Que interesses são esses? Inúmeros, de naturezas diversas, mas todos baseados na verdade em que se acredita. Os sistemas de crenças, quando fechados, formam a mente divisionista somando-a a uma dose relativa de medo ou desejo. Tanto o medo quanto o desejo são combustíveis da mente divisionista, que está calcada no egoísmo que, por sua vez, é a base da corrupção. Corrupção não tem ideologia, é um mecanismo de aliciamento gradativo que compõe um sistema do qual seus participantes se beneficiam por certo período de tempo. O mundo está cheio de gente assim em todos os cantos. As pessoas que adotam essa postura querem sempre obter vantagens, e quanto menos consciência coletiva se tem, mais espaço se abre para uma cultura de corrupção em relação a valores e a coisas.

O novo mundo que vislumbramos é integrativo, ou seja, abarca tudo que nos cerca e todos os indivíduos em seus movimentos. É um mundo de consciência. De consequência. É um mundo lúcido em que toda ação provoca uma reação, onde tudo é uma cadeia de causa e efeito. Quando enxergamos uma dimensão mais ampla de respostas sobre nossas ações, mais condições temos para nos adaptar às mudanças diárias que são necessárias.

Mesmo com toda a territorialidade global, podemos construir uma mentalidade de terceira via, um raciocínio abrangente que leve em conta tanto os interesses do outro quanto os nossos próprios. Naturalmente, essa não é uma tarefa fácil e simples, mas de uma grandeza absoluta se pensarmos como unidade, aceitando os interesses e as diferenças existentes.

A mente integrativa substitui o "ou" pelo "e".

Viver em um mundo integrativo não é eliminar conflitos, muito pelo contrário. Primeiro, porque a eliminação de divergências é algo completamente fantasioso. Em um mundo como o nosso, o enfrentamento faz parte do sistema. No entanto, a questão não está exatamente no conflito, mas na maneira como lidamos com ele.

> *A mente integrativa substitui o "ou" pelo "e".*

No mundo integrativo, o confronto é essencial para desafiar o *status quo*, para propor reflexões, solucionar pendências, abrir debates, tirar as pessoas do conforto, fazer evoluir e expandir conceitos. A chave crítica é entender que o conflito é um meio para se alcançar algo maior e melhor para todos, e não um método para aniquilar o outro. Pessoas que não sabem lidar com conflitos tendem a ser agressivas ou fujonas. Em nenhum desses casos, constrói-se algo relevante. O debate fomenta entendimento e amplia visões. Afinal de contas, se pararmos para pensar, todo o nosso sistema de leis está baseado em conflitos que podemos ter em nosso convívio diário.

No mundo integrativo, as estruturas são fluidas, não hierárquicas. A responsabilidade é estabelecida por um senso comum em que cada parte se organiza por competências e define suas métricas de resultados por um *framework* compassado e escalado. As novas organizações serão fluidas, dinâmicas; criarão soluções mais ágeis no desenvolvimento de produtos e serviços e, consequentemente, darão respostas mais rápidas à comunidade de fornecedores e clientes.

Lembre-se de que você é livre para fazer suas escolhas, mas, às vezes, torna-se escravo das consequências delas por um tempo.

> *No mundo integrativo, as estruturas são fluidas, não hierárquicas.*

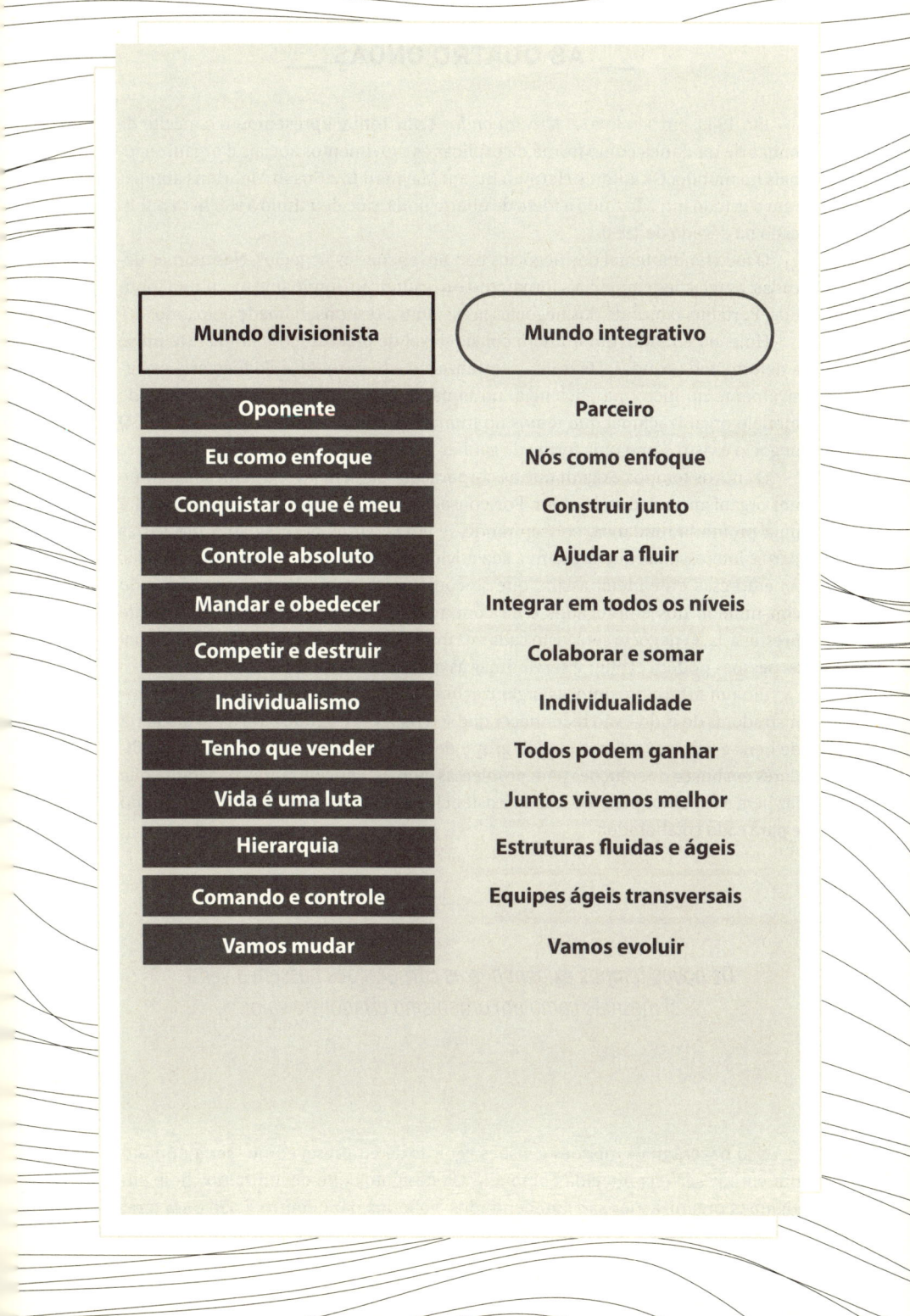

Mundo divisionista	Mundo integrativo
Oponente	Parceiro
Eu como enfoque	Nós como enfoque
Conquistar o que é meu	Construir junto
Controle absoluto	Ajudar a fluir
Mandar e obedecer	Integrar em todos os níveis
Competir e destruir	Colaborar e somar
Individualismo	Individualidade
Tenho que vender	Todos podem ganhar
Vida é uma luta	Juntos vivemos melhor
Hierarquia	Estruturas fluidas e ágeis
Comando e controle	Equipes ágeis transversais
Vamos mudar	Vamos evoluir

__ AS QUATRO ONDAS __

Em 1980, em seu livro *A terceira onda*, Alvin Toffler apresentou o conceito de ondas de mudança como forma de explicar os movimentos sociais e organizacionais no mundo. Os autores Herman Bryant Maynard Jr. e Susan Mehrtens ampliaram o estudo introduzindo a ideia de quarta onda, que deu título a seu livro publicado na década de 1990.

O foco fundamental dos negócios não são apenas os negócios. Nas últimas décadas, as relações comerciais tornaram-se a instituição dominante na cultura mundial. Portanto, o mundo dos negócios já assumiu a responsabilidade pelo todo.

Hoje, no entanto, um número considerável de organizações ainda está preso a determinadas ondas. Há muita centralização e hierarquia, cujo foco está exclusivamente no lucro, na eficiência, no tamanho e no crescimento. Boa parte do modelo organizacional que temos no mundo está baseado no modelo militar. O negócio é visto como uma forma de ganhar a vida.

Os novos tempos exigem que as corporações passem a ver a si mesmas como um organismo criador de valor. Por conseguinte, sua filosofia de negócios sofre uma profunda mudança, concentrando-se em servir às necessidades das várias partes interessadas que orbitam a sua atividade, e não somente aos *stakeholders*. As empresas entendem, assim, que se contemplarem também os interesses do consumidor, dos empregados e da comunidade, esses agentes vão igualmente prestigiá-la. O negócio será visto cada vez mais como um veículo por meio do qual as pessoas podem evoluir e servir umas às outras.

Em um futuro próximo, as organizações conscientes – na qualidade de administradoras do todo – vão reconhecer que seu papel se estende para além da oferta de bens e serviços a determinado grupo de consumidores. Elas atuarão como líderes em busca de soluções para problemas globais, concentrando-se naquilo que faz bem e é melhor para todos. Sua existência passa a ter significado para o mundo e para cada colaborador.

> *Os novos tempos exigem que as corporações passem a ver a si mesmas como um organismo criador de valor.*

Não haverá mais missões e visões egoicas de empresa, como "ser a número um em...", "ser reconhecida como a...". Os desígnios que encontramos hoje em algumas organizações são autocentrados, voltados para dentro e não para fora.

As organizações conscientes trarão para sua missão e "propósitos" uma definição mais significativa e singular de contribuição que fará bem mais sentido em sua existência.

Vejamos a seguir o que significa o movimento de onda e seus reflexos em organizações e pessoas.

Primeira onda

A primeira onda se deu com a revolução agrícola. Há muito tempo, os seres humanos viviam de forma nômade, dependendo da caça e das condições climáticas para sobreviver. Nas tribos, homens e mulheres caçavam e as crianças eram cuidadas pelos outros membros do grupo. A terra era vista como elemento comum a ser usado como meio de deslocamento e abrigo. Com a descoberta das técnicas de cultivo de alimentos, os seres humanos passaram a considerar a terra também uma fonte de sobrevivência.

Esse evento trouxe consigo a necessidade de se definir um território e protegê-lo. De igual forma, emergiu o sentimento de que tudo tem seu tempo e deve ser plantado e colhido na hora certa. Então, o senso de urgência foi implantado no modelo mental das pessoas.

Assim, encontramos três elementos característicos na primeira onda de nossa atual civilização:

- *territorialismo,*
- *proteção e*
- *urgência.*

Esses três elementos reforçam o modelo mental de que somos separados e temos que sobreviver.

O movimento de primeira onda extinguiu-se no mundo, mas não dentro das organizações. Há um número expressivo de pessoas que trabalham com o sentimento de primeira onda. Ou seja, cada indivíduo tem seu lugar, sua função, seu território, e deve protegê-lo de qualquer tipo de ameaça. Sendo assim, encontramos pessoas que estão trabalhando apenas para sobreviver e enxergam a empresa como um meio de pagar suas contas e realizar seus desejos.

A essência da primeira onda é a sobrevivência, e o desafio do líder é catalisá-la para criar responsabilidade por meio da construção de uma relação de confiança.

Segunda onda

A segunda onda surgiu com a revolução industrial. Todo o movimento mecanicista de produção gerou um sem-número de descobertas e viu nascer as grandes corporações. Era possível fazer mais com menos, manter um padrão de qualidade e fabricar em escala. A escala de produção trouxe uma busca pela maximização do lucro e, consequentemente, do consumo. O materialismo foi um resultado natural desse processo.

Existem alguns elementos que caracterizam a segunda onda em nossa realidade:

- *competição,*
- *busca da excelência,*
- *conflitos.*

A despeito de esses eventos terem ocorrido há tempos, constata-se que ainda hoje o mundo é regido pela competição. Países competem por vantagens e proteções; Estados competem por incentivos; empresas competem por espaço e mercado; pessoas competem por benefícios, poder e dinheiro.

Estamos impregnados de segunda onda. Isso é ruim ou bom? Podemos afirmar que nem uma coisa, nem outra. A competição é, de certa forma, um aspecto natural não só da nossa espécie, mas de toda a natureza. O ecossistema se autorregula pela competição; é a lei dos mais fortes. Falando em termos empresariais, os mercados são esse termômetro que determina quem fica e quem sai do jogo.

O modelo mental da segunda onda é "somos separados e temos que competir".

O problema se revela quando a competição assume um caráter predatório e sem ética, pudor ou princípios, voltando-se para dentro das organizações. Líderes pouco habilidosos gostam de criar ambientes de competição perigosos em sua área de atuação, seja pela imposição de regras de premiações, seja pela simples comparação alardeada em conversas.

A essência da segunda onda é a competição. O grande desafio da liderança é catalisá-la para que gere alta performance por meio do encorajamento de cada um para ir além do usual.

Terceira onda

A terceira onda é uma ruptura evidente com os modelos estruturados nas ondas anteriores. Ela se apresenta como um contraponto à segunda onda. Os efeitos consumistas e predatórios no mundo alertaram as mentes mais críticas sobre a importância do equilíbrio, da sustentabilidade e do valor das coisas. Em meados do século 20, o mundo começa a se interconectar e as pessoas passam a acessar um volume cada vez maior de informações. Esse novo patamar da interatividade humana gerou outro nível de percepção da realidade. Para satisfazer essa demanda, não bastava mais um comportamento competitivo. Era necessário um novo padrão, mais cooperativo.

Esse cenário promoveu o surgimento das cooperativas, das associações e dos clubes de serviços, que viam nesse ambiente social mais coeso uma forma de avançar em suas propostas.

Mais à frente, o cooperativismo influenciou as centrais de compras, parcerias estratégicas entre concorrentes, firmadas no simples entendimento de que é possível concorrer em alguns setores e cooperar em outros. Companhias áreas compreenderam bem esse fator quando viram a possibilidade de compartilhar informações e mercados.

Os elementos que caracterizam a terceira onda são:

- *cooperativismo,*
- *trabalho em equipe,*
- *sustentabilidade.*

A terceira onda afetou inclusive a área financeira, que passou a buscar não somente o aumento do resultado, mas a sustentabilidade desse resultado, ou um mínimo de oscilação.

A essência da terceira onda é a colaboração, o ápice da cooperação. O ponto de mutação é catalisá-la para criar sinergia por meio da compaixão.

Quarta onda

A quarta onda surgiu com a internet. O mundo mudou com a geração e o compartilhamento cada vez mais inteligente de dados.

A grande interface e a tessitura em que foi se tornando o mundo facilitaram o fluxo de informações e, consequentemente, a velocidade com que eram acessadas.

Entramos em um mundo rápido, dinâmico, mutante e disruptivo.

A geração que nasceu com a internet não aceita ações sem significados. Temos um ambiente de unidade, valor, agilidade e inovação contínuos.

Os elementos que caracterizam a quarta onda são:

- *interligação de tudo com agilidade,*
- *inovação,*
- *perspectiva espiritual.*

As quatro ondas no mundo trazem uma perspectiva de modelos mentais implantados que podem ser utilizados com nova significância. Podemos transformá-los em quatro sensos da liderança fluida:

- *senso de responsabilidade*
- *senso de alta performance*
- *senso de sinergia*
- *senso de inovação*

___ LIDERANÇA FLUIDA ___

A liderança fluida é tanto para pessoas que ocupam posições de liderança como para as que não ocupam. Trata-se de uma condição pessoal. É também um modelo que busca entender uma cultura e suas subculturas pelo contexto dos recursos, do mercado, das pessoas e dos resultados esperados, traçando uma diretriz de estilo mutante que potencialize a dimensão das ondas ou dos sensos no que diz respeito a um ambiente ágil, saudável e propício ao cumprimento de objetivos, sejam eles da natureza que forem.

O estilo mutante definirá a forma de lidar com a diversidade, a pluralidade e a velocidade no futuro, marcando uma nova era de liderança que incorpora a impermanência dos nossos tempos.

Na órbita da liderança fluida encontramos elementos emocionais construtores de ambientes, e são justamente esses ambientes que facilitarão uma cultura saudável.

Cada senso de liderança envolve um estado emocional crítico para sua efetiva progressão. Vejamos a seguir o que podemos chamar de os quatro Cs da construção de ambientes.

Primeira onda – Confiança

Para que se possa transformar o instinto de sobrevivência em senso de responsabilidade, é essencial estimular a confiança da pessoa em relação a ela mesma, ao time, ao projeto e à chefia imediata. Quanto mais confiança tiver, mais responsabilidades ela assumirá sem medo.

Segunda onda – Coragem

Para catalisar o espírito de competição e convertê-lo em alta performance, é fundamental construir condições para despertar a coragem na pessoa, fazê-la querer ir além. Às vezes, as barreiras organizacionais, a dependência de outras pessoas e a ausência de recursos interferem de tal maneira no pensar que bloqueiam o ímpeto de romper com tudo para superar os próprios limites.

Terceira onda – Compreensão

Para que o espírito de colaboração possa ser um valor agregado de alto impacto no negócio e construa um ambiente de sinergia, cada pessoa precisa ter compreensão da outra ou da área par. Ter compreensão significa ter empatia, perceber o outro, sentir-se como ele se sente, para criar alinhamento profissional e mitigar a dificuldade alheia.

Quarta onda – Consciência

Para transformar o espírito de cocriação em inovação, cada pessoa deve ampliar objetivamente a visão e a percepção que tem das coisas. Expandir a consciência – ser capaz de ver e perceber realidades passadas, presentes e futuras – é fundamental para se alcançar uma mente consequente, isto é, uma mente interconectada e intuitiva que consiga correlacionar tudo o que está acontecendo, integrar essas informações e convertê-las em soluções viáveis e escaláveis.

O modelo da liderança fluida

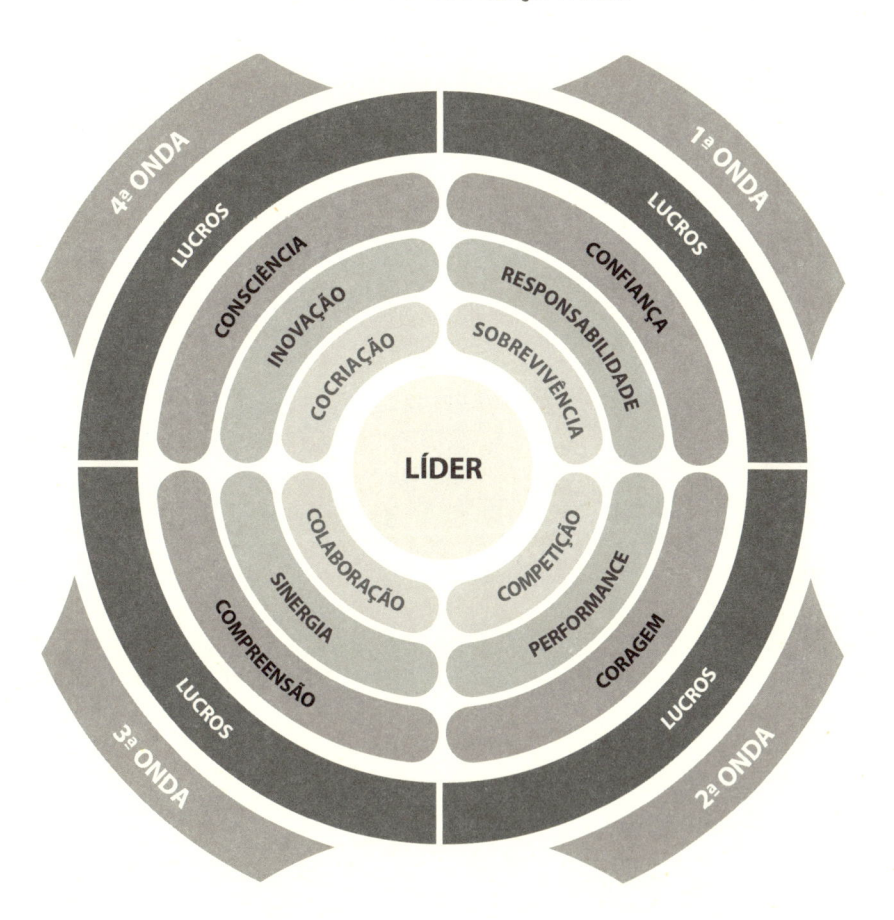

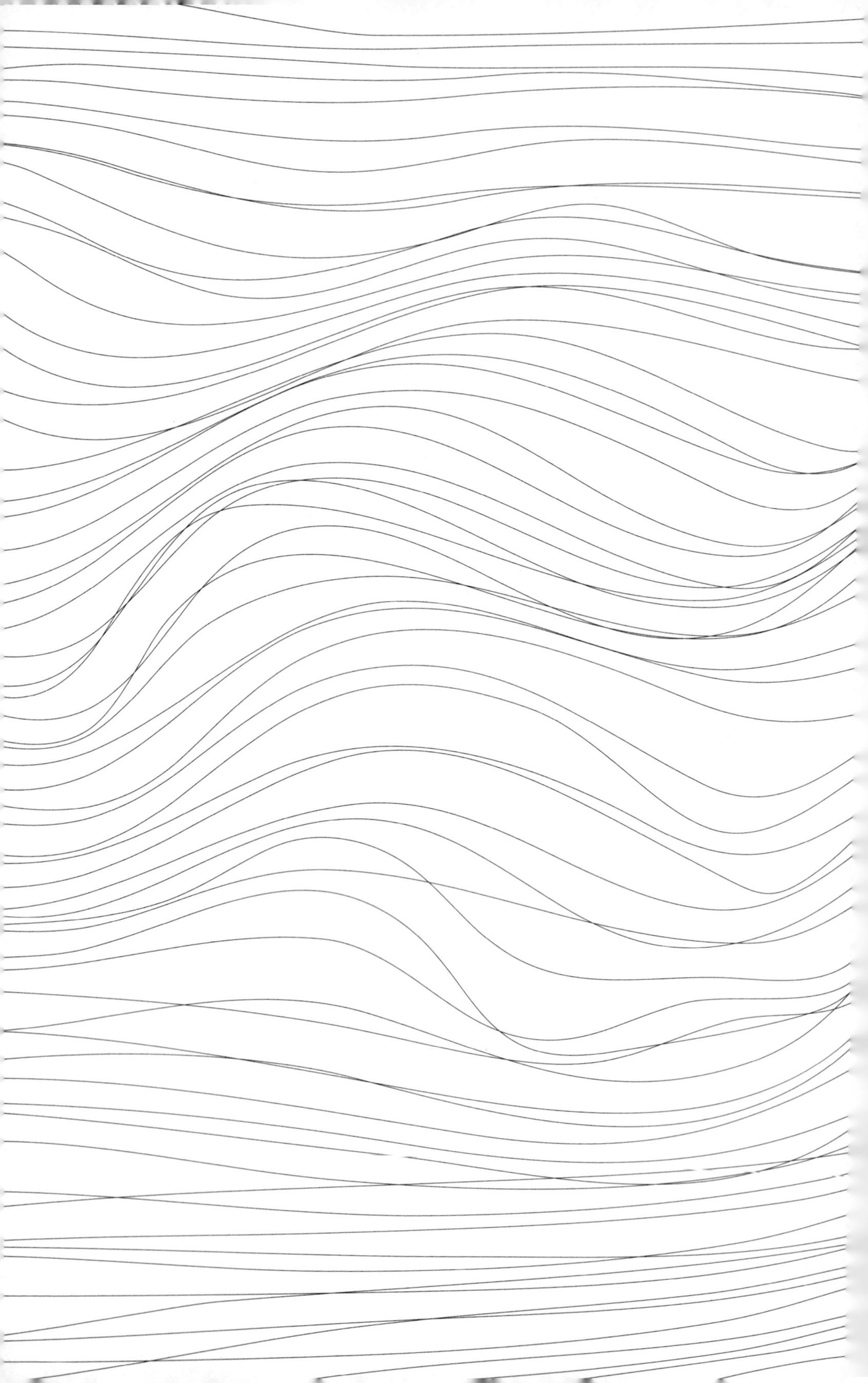

CAPÍTULO 2

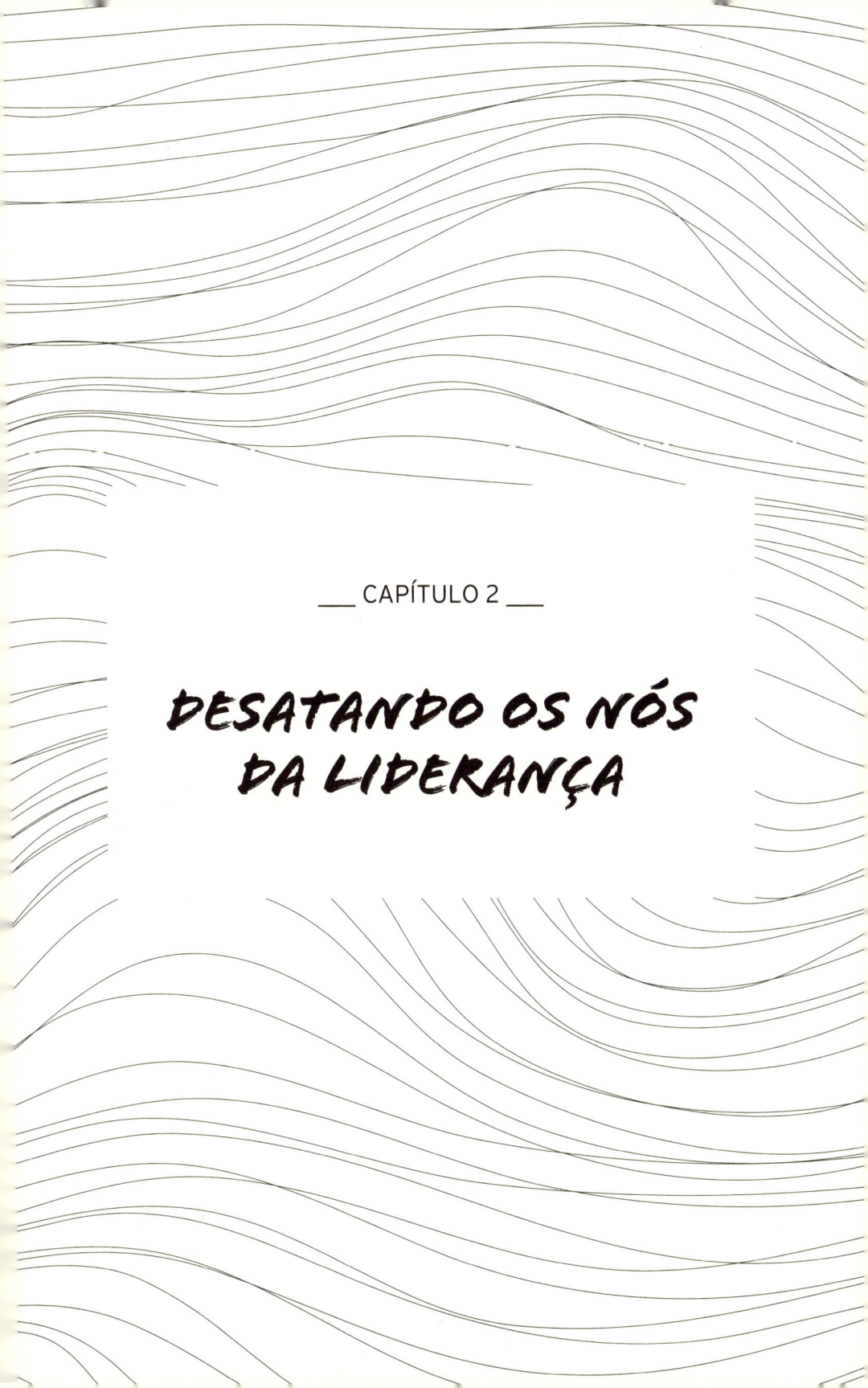

DESATANDO OS NÓS DA LIDERANÇA

__ OS DESAFIOS DA LIDERANÇA __

Era fim de tarde em um hotel no bairro de Moema, São Paulo. Eu estava terminando o primeiro dia de um seminário para líderes quando um gestor se levantou e perguntou: Qual é o propósito da liderança?

A pergunta foi muito interessante, pois não se referia à definição de liderança, mas ao "propósito" dela.

A seguir, pretendo estender a resposta que dei àquele gestor, abordando o tema com profundidade e simplicidade.

Vamos começar pelo conceito de liderança?

Liderança pode ter muitas definições, contidas nos mais diversos livros de diferentes pensadores da mais alta competência. Se você pesquisar na internet, encontrará inúmeras delas. Vou apresentar duas formas de se ver a liderança que me foram muito úteis – e ainda são – nestes mais de trinta anos de experiência em centenas de organizações e assistindo a líderes com realizações extraordinárias, mas que também cometeram erros terríveis.

Certa vez, acompanhei um diretor que era responsável por um departamento comercial no segmento de produtos de beleza. Ele tinha um gerente de vendas que conduzia uma equipe de 38 pessoas.

Eu perguntei: *Esse gestor é um líder?*
Ele me disse: *Sim.*
Eu perguntei: *Por quê?*
Ele disse: *Porque ele me traz resultado todo mês, batendo as metas.*
Eu perguntei: *Isso é suficiente para você?*
Ele disse: *Em parte, o que importa para mim também é como fica a equipe. Porque todo resultado tem um custo. Então não basta ter resultado. A maneira pela qual você obtém o resultado é tão importante quanto o próprio resultado.*

Caro leitor, apresento-lhe, então, as circunstâncias que, a meu ver, envolvem o fator liderança.

Liderança em organizações precisa responder a duas perguntas:

1. Traz resultado?

2. A que custo?

Muitas pessoas têm uma ideia errada ou poética de liderança, entendendo-a como a capacidade de servir, inspirar, motivar, engajar, influenciar etc. Tudo isso é ótimo. Mas, creia-me, até hoje nenhuma empresa me convenceu de que contrata pessoas em posição de liderança por causa desses atributos, somente. Todas essas habilidades são o meio. O fato nu e cru é que as pessoas são contratadas para gerar resultado. No momento em que o resultado não acontece, os atributos tornam-se irrelevantes. Pode parecer desumano, mas empresas não têm coração. Quem tem coração são pessoas. Portanto, se um colaborador em condição de comando não trouxer resultado, ela estará fora do jogo em pouco tempo.

Resultado tem a ver com curto prazo. Por isso, não podemos considerar apenas o resultado como referência do propósito da liderança. A forma de se obter o resultado influencia diretamente a manutenção e consistência do mesmo.

Custo significa a maneira como conseguimos obter resultados, mas atingindo-os sem sacrificar ou destruir as pessoas, suas energias; sem aniquilar a cultura empresarial; alcançando-os por meio da motivação e da consistência. Isso é liderança. É uma liderança pela consciência.

> *Pode parecer desumano, mas empresas não têm coração.*
> *Quem tem coração são pessoas.*

Se uma pessoa obtém resultados e o faz de maneira saudável e consistente, podemos dizer que há aí uma liderança relevante. Líderes assim conseguem levar as pessoas a fazerem coisas que elas não imaginavam ser capazes de fazer.

Então voltemos à pergunta sobre o propósito da liderança.

O propósito da liderança é fazer a grande diferença na vida das pessoas quando as ajuda a realizar ou cumprir coisas que talvez elas mesmas não acreditassem possíveis, desde que isso seja salutar para elas e para todos os envolvidos.

___ ALGUNS EQUÍVOCOS DA LIDERANÇA ___

Há diversos mitos e crenças sobre liderança, muitos herdados de um passado que envolve criação dos pais, dificuldades na infância ou adolescência, círculo de amizades, primeiro emprego, referências de liderança que traduzem equívocos na maneira de lidar com pessoas. Aqui apresento algumas ideias bem comuns que representam barreiras a um movimento mais autêntico de liderança.

Ser bonzinho para ser querido

Eu conheço muitas pessoas que confundem liderança com ser querido. Principalmente para ter boas notas nas pesquisas de clima.

Havia um gerente de loja que era superquerido por clientes e colegas, mas as pessoas faziam o que queriam, e os resultados eram muito fracos. Até que outro profissional assumiu o cargo e mudou tudo: colocou algumas regras básicas, pôs ordem, passou a acompanhar de perto os subordinados, a treiná-los e cobrá-los. Os resultados melhoraram. No início ninguém gostou dele, mas, depois, todos os colaboradores comissionados passaram a ter melhores salários e viram valor no que o novo gerente fazia e em sua exigência.

Então, veja, ser bonzinho, gente boa, querido pelas pessoas não significa necessariamente ter liderança.

Ninguém paga salário a gestores para que sejam gente boa.

Lógico que manter relações respeitosas é fundamental, mas nem sempre um líder terá a aprovação unânime das pessoas, pois em um mundo tão veloz como o nosso, medidas impopulares e determinadas ações que tiram as pessoas de sua zona de conforto geram desgastes. Quando pessoas saem da zona de conforto, nem sempre ficam felizes. Abandone a ideia de querer agradar a todo mundo. Siga bons princípios e seja respeitoso, isso já é muito.

> *Quando pessoas saem da zona de conforto, nem sempre ficam felizes.*

Achar que liderança é um cargo

Muitas pessoas podem ter um cargo de poder, mas isso não significa que elas sejam líderes. Quando olhamos para equipes e pessoas que trabalham de forma transversal em uma organização com projetos específicos, não encontramos um líder, mas vários deles. Ter liderança é conseguir que as coisas sejam feitas e resolvidas. Liderança é um lugar de contribuição.

> Liderança é um lugar de contribuição.

Ser excessivamente duro para obter resultados

Ainda é muito comum se usar a força quando uma equipe ou um colaborador não atinge um resultado ou não se comporta como o esperado. No entanto, quando um gestor age de modo autoritário, na verdade ele está forçando uma mudança de fora para dentro.

O que isso implica? Quando a mudança é forçada de fora, não é necessariamente autêntica. Se instigadas frequentemente por esse tipo de abordagem, as pessoas normalmente se tornam reativas, ou seja, somente quando há pressão e contundência elas entendem que algo realmente precisa ser feito.

Muitas vezes, ser duro e firme é necessário e até saudável, mas o problema é quando esse comportamento se torna padrão e todos são tratados dessa forma.

Esse tipo de liderança constrói equipes reativas e tensas.

Sabemos que isso funciona em algumas empresas, mas resta saber "até quando".

Usar o medo como método de gestão

Ainda falaremos mais profundamente sobre essa questão; no entanto, esse método vem ao encontro de um tipo de domínio psicológico que explora a necessidade que a maioria das pessoas tem de se manter em um emprego, além de reforçar um condicionamento social de subserviência vindo da própria educação.

O problema do medo é que as pessoas não abrem sua visão e imaginação para um mundo cheio de possibilidades, algo tão necessário nos próximos tempos. O que, de igual forma, como dito anteriormente, leva a padrões de reatividade.

Ser distante e formal para obter respeito

Esse é um padrão clássico do velho mundo. Decerto conheço jovens com comportamentos antigos, velhos. Isso tem necessariamente a ver com personalidade e, talvez, criação. É sabido que a distância tira a velocidade. O mundo atual requer respostas rápidas, e, para isso, ambientes mais informais e despojados são elementos básicos para se implantar uma cultura do natural e do autêntico. O respeito, nesses ambientes, vem do tratamento que damos e dos resultados que geramos.

Buscar respeito pela obediência total

A pessoa que exige obediência total carece de segurança interna. Sua fraqueza na maneira de conduzir pessoas e negócios é compensada de algum modo pelo fato de estar no controle. Há diversas formas de se obter controle e fazer as pessoas obedecerem. Certamente, esse é o caminho certeiro para o fracasso, visto que pessoas obedientes se tornam passivas e um mundo veloz atropela todos que agem assim. Não será por meio do controle de tudo e de todos que as coisas vão fluir. É imperativo rever o que é seu e o que é do outro.

Deixar tudo solto e buscar terceiros para resolver

Existem pessoas em posição de comando que não gostam muito de controlar o ambiente de trabalho, observar relatórios, supervisionar o serviço de modo contínuo; isso porque não são afeitas à rotina, simplesmente. Dessa forma, concentram-se naquilo que gostam e negligenciam algumas tarefas que lhes são mais árduas, deixando-as a cargo de outros profissionais. Quando os problemas aparecem, esses gestores normalmente recorrem a terceiros para resolvê-los, esquivando-se deles novamente. O risco desse tipo de comportamento é permitir um fluxo solto, a ausência de uma cultura mais apropriada ou mesmo o aparecimento de uma situação grave irreversível.

Eis os cinco mitos a se derrubar:

1. Liderança é um talento individual?
É muito mais que isso! O líder tem que estar focado no interesse da empresa. A ideia é que a organização vá muito bem com ou sem ele.

2. Ser um bom líder é ter seguidores?
Não necessariamente; carisma não é tudo na vida. Grandes líderes constroem um ambiente autossustentado, onde eles mesmos se tornam dispensáveis. Ou seja, a roda deve girar sozinha.

3. Bons líderes se baseiam em instinto e inspiração?
Não é só isso, eles também recorrem a desenvolvimento pessoal e autoconhecimento, além de terem um entendimento profundo de negócio e gestão. Boas ideias sozinhas não são suficientes.

4. Bons líderes turbinam o preço das ações de sua organização?
Não basta um bom líder para tanto, a empresa precisa ser sólida.

5. O líder é uma figura distante, no topo da pirâmide?
De preferência, não. Líder é aquele que inspira e tem empatia com os outros. Isso não tem a ver com hierarquia. Líderes podem inspirar de onde estão. Valem mais suas ações no dia a dia do que atos grandiosos.

AS DOENÇAS ORGANIZACIONAIS

Muitas pessoas adoecem em seu local de trabalho, e essa situação cresce a cada dia no âmbito corporativo mundial.

Aqui abordarei algumas causas que fazem o profissional adoecer e como um gestor, exercendo sua influência, poderá fazer a diferença na prevenção e na cura desse mal coletivo.

Voltemos à origem da palavra trabalho, que vem do latim vulgar *tripaliare*, que quer dizer "torturar". Hoje, ir trabalhar, para muitos, é quase uma saga, traduzida por uma rotina amarga e sem fim. Os contextos, em sua maioria, envolvem estresse no trânsito e no transporte público, cobranças excessivas e *mobbings* de um chefe exigente, más condições de trabalho, falta de segurança, sobrecarga física, ruídos excessivos, exposição a substâncias tóxicas etc.

Como ir feliz para o trabalho e exercer com excelência sua função se há sobrecarga psíquica, jornada extensa, metas a cumprir, remuneração por bônus, pouco descanso, pressão do tempo, muitas horas extras, relacionamento ruim com chefes e colegas e assim por diante?

Esse sofrimento traz desequilíbrio emocional e físico, e faz o trabalhador adoecer.

Mobbing é um termo utilizado para expressar os assédios emocionais e psicológicos, as perseguições e coações por parte de um líder que acredita na punição como ferramenta de aprendizado; acontece quando uma pessoa é obrigada a trabalhar em ambientes hostis.

O *mobbing* é antecessor da síndrome de Burnout – um estado de esgotamento físico e mental cuja causa está na vida profissional. Não bastando se culpar por se sentir insatisfeita, a pessoa se esforça demais para não perder o emprego num mercado desigual e vai arrastando a situação, deixando de lado necessidades importantíssimas e prioritárias, como se alimentar adequadamente, dormir bem e se divertir. Essas atividades tornam-se secundárias e muitas vezes geram sentimento de culpa, irritação e ansiedade, até incompetência para resolver problemas de trabalho. Uma das consequências desse quadro é o distanciamento afetivo de clientes e colegas de trabalho.

Quando uma empresa preserva a integridade do trabalhador, evita a criação de um ambiente cheio de pessoas infelizes e doentes. Dessa forma, o empregador reduz os altos custos das licenças e faltas ao trabalho, gerando bem-estar e capital humano, que cresce com bom humor, aprendizado e confiança.

Mais de oito em cada dez trabalhadores nos Estados Unidos afirmam sentir estresse por conta de sua atividade profissional, e uma pesquisa do site de empregos Monster.com revelou que 42% dos trabalhadores americanos deixaram um emprego devido ao ambiente excessivamente estressante. A mesma pesquisa também mostrou que 61% deles acreditam que a tensão no trabalho tenha lhes causado algum tipo de doença.

O ambiente físico de trabalho pode contribuir de forma significativa para o aumento do nível de estresse de alguns profissionais. Um estudo feito pela Universidade de Cornell, citado na revista *New Yorker*, mostrou que alguns trabalhadores, expostos ao ruído presente em um escritório com layout aberto durante três horas, apresentavam níveis mais elevados de adrenalina, hormônio que está associado à resposta de estresse do organismo.

Uma pesquisa realizada em 2011 na Dinamarca sugere que o número de dias que a pessoa falta ao trabalho por doença está diretamente relacionado à quantidade de pessoas que ocupa o espaço de trabalho. Os pesquisadores descobriram que indivíduos que exercem sua atividade em escritórios abertos faltam ao serviço por motivo de doença 62% mais vezes do que pessoas que trabalham em escritórios compartimentados.

A má qualidade do ar também pode causar doenças. No interior de um prédio comercial, o ar pode estar até cem vezes mais poluído do que na parte externa, reportou a revista *Bloomberg Businessweek*.

E, assim como as pessoas, as próprias empresas adoecem. Esse é um ponto crítico que abordo neste capítulo. Muitas empresas estão doentes. Como chegam a tal situação? De muitas formas, mas indiscutivelmente por causa das doenças das pessoas ou da maneira como elas pensam e conduzem seus negócios.

Fomos condicionados a aceitar a ideia de que devemos lutar para sobreviver, de que é competindo entre si que os membros de uma sociedade se protegem e crescem no mundo. Mas enquanto vivermos sob o paradigma da separação e da competição, seremos reféns da terrível tirania da guerra, quando vemos tudo e todos como inimigos.

> *Assim como as pessoas, as próprias empresas adoecem.*

Certa vez, eu participava da reunião de conselho de uma organização, revendo algumas ações estratégicas, quando um conselheiro, um senhor nos seus 65 anos, levantou-se e afirmou com um tom mais enérgico: "Para mim, nós temos que acabar com este concorrente". Perplexo, eu perguntei: "Seria essa a missão da empresa?". Ele respondeu: "Seria, sim, e ainda mais, isso acabaria com grande parte de nossas preocupações".

Veja, embora ele tenha sido extremamente honesto, será que uma empresa deveria existir para acabar com outra? É lógico que não. Mas estamos sempre marcando nossos concorrentes, tentando abatê-los. Ter concorrentes faz parte da vida e da dinâmica deste mundo. No entanto, onde está a virtude de minhas ações se o objetivo a ser alcançado é destruir o outro?

O LADO EMOCIONAL DO LÍDER

Por mais que, como raça, estejamos habitando este planeta há um tempo razoável, para além das questões de sobrevivência ainda é crítica a nossa competência em lidar com as emoções. Mas quando menciono emoção, muitas pessoas não têm uma exata dimensão do que isso representa em termos de direção e comando. Para facilitar, posso dizer que o lado emocional da liderança tem a ver com saber administrar contrariedades e pressões. É muito fácil ser uma pessoa bacana e bem-humorada quando tudo está bem, mas quero desafiá-lo a pensar em suas atitudes, decisões e comunicação quando as coisas não estão como gostaria.

Observe a seguir alguns atributos de um líder emocionalmente bem resolvido.

- *Defende seus direitos e, ao mesmo tempo, é sensível às demandas alheias.*
- *É autocentrado, mas capaz de ver a situação do ponto de vista do outro.*
- *Preocupa-se com os outros, não é mesquinho.*
- *Lida com situações estressantes olhando para a frente.*
- *Não toma nada como pessoal nem se baseia em suposições.*
- *É direto e honesto sem deixar de ser respeitoso.*
- *Com uma comunicação apropriada, vai direto ao ponto.*

- *Reconhece suas fraquezas e aceita* feedback *de seus subordinados.*
- *Valoriza as pessoas e sabe perdoar.*
- *Dispõe-se a assumir a responsabilidade pelas próprias ações e a manter as pessoas responsáveis.*
- *Proporciona benefícios para as pessoas e quer vê-las bem.*
- *É um facilitador para as pessoas performarem.*
- *Tende a liderar pelo exemplo.*
- *Cuidadoso com as palavras, sabe a hora de dizê-las, por mais duras que sejam.*

___ OS QUATRO PROBLEMAS BÁSICOS QUE APARECEM PARA UM LÍDER ___

Quando falamos de liderança, falamos em lidar com situações estressantes e tomadas de decisão constantes. Um líder é uma pessoa decisiva, já dizia o empresário Abilio Diniz.

Enfrentar situações estressantes e tomar decisões requerem uma clara percepção dos problemas ou desafios que se apresentam diariamente na vida organizacional.

Existem quatro tipos básicos de problemas que um líder deve encarar:

1. de contexto;

2. de comportamento;

3. de processos;

4. técnicos.

Contexto

Os problemas relacionados a contexto envolvem conjunturas de mercado, restrições orçamentárias, escassez de mão de obra, características locais, especificidades culturais, influências de leis e novas regras, panorama político, econômico e social.

Comportamento

Os problemas relacionados a comportamento envolvem falta de atitude, jogos de poder, sabotagens, baixo desempenho e conflitos, entre outros.

Processos

Os problemas relacionados a processos envolvem mudanças, gestão de mudanças, resistências a novos procedimentos e regras, dificuldade de seguir processos, processos malfeitos ou obsoletos, falta de comunicação e sinergia entre áreas.

Técnicos

Os problemas técnicos envolvem estruturas operacionais débeis, máquinas velhas ou ociosas, recursos não compatíveis com as exigências do negócio, dificuldades de operação, panes e manutenções falhas ou insuficientes, entre outros.

Entender o tipo de problema com que se está lidando facilita o estabelecimento de um foco correto na busca de uma solução.

___ A EMPRESA COMO UM ORGANISMO ___

Um organismo pode ser traduzido como o conjunto de órgãos e sua disposição em um corpo. Nosso primeiro impulso é associar corpo à estrutura física do ser humano, composta por órgãos, ossos, nervos etc. Sim, o corpo do ser humano é um organismo. E também podemos estender esse entendimento para uma organização.

O que é uma organização?

Uma organização existe quando pessoas se reúnem para fazer funcionar uma estrutura que gere produtos ou serviços e que se mantenha em atividade, sustentando também todos aqueles que ali vivem. É algo autoalimentado. Um organismo é uma disposição, um corpo organizado. Um organismo se relaciona com outro organismo que é social, a sociedade, que pode retroalimentá-lo com dinheiro ou não. Uma organização, portanto, é um grande corpo organizado para fazer-se existir. Da mesma forma que o corpo humano precisa de seus órgãos, veias e tecidos para formar uma unidade e funcionar como organismo, uma organização também conta com coração, cérebro, órgãos reguladores e processadores para existir e funcionar como um organismo.

Uma organização é um organismo vivo, constantemente alimentado pelas ideias e ações das pessoas que a compõem. É claro que estruturas são necessárias ao organismo, mas elas existem para dar suporte ao tecido vivo que são as pessoas, sua razão de existir. Neste livro, então, convido o leitor a pensar uma organização como um organismo, independentemente de seu tamanho. Um organismo que pode ser saudável, doente, disfuncional, ativo, dinâmico, ou que pode mesmo agonizar. Organismos não entram em falência, falecem. Muitas são as razões para organismos falecerem, e nesta etapa vamos desvendar a força motriz que mantém um organismo vivo, pulsante e em franco movimento.

> *Uma organização é um grande corpo organizado para fazer-se existir.*

A força motriz

Em termodinâmica, a expulsão de um fluxo gasoso a grande velocidade gera certa quantidade de movimento. A força motriz é justamente o agente condutor dessa potência que confere movimento a um corpo.

É tudo aquilo que dá ou transmite movimento, como o vapor, a água, o vento etc. É aquilo que induz ou instiga.

Em organismos, a força motriz está no propósito de existência, nas ideias, no pensamento. É a razão de ser e a justificativa para tudo existir.

Quem imprime uma força motriz? A liderança maior, que pode ser individual ou coletiva. Esse é um dos papéis críticos das lideranças: injetar uma energia vital na empresa a partir de ideias e atitudes. Empresas que possuem líderes inspiradores criam ambientes de alta energia, e o inverso também ocorre, por melhor que seja o negócio.

Um problema comum relativo à força motriz de algumas empresas é a existência de heróis cansados. O herói cansado é aquele líder competente, vitorioso e realizador, mas que perdeu o entusiasmo. Há muitas pessoas cansadas da vida empresarial que estão tocando suas áreas graças à experiência acumulada, mas sem força motriz ou vital. Enquanto esses profissionais não encontrarem uma nova razão de trabalhar, o entusiasmo não ressurgirá.

É certo que empresas cujos líderes perdem sua força motriz por cansaço param de criar, ficam estagnadas ou até retrocedem. A solução normalmente é bem simples, apesar de não ser necessariamente fácil: ou prepara-se um sucessor com competência e força motriz, ou se faz um trabalho de resgate de valores e significado com a liderança. Do contrário, o negócio se estagnará ou morrerá. A empresa passa por um renascimento quando a força motriz é reativada.

Entendendo empresas e organizações como energia em movimento

Toda organização, para existir, precisa ser dinâmica. Isso significa que, para alcançar suas metas e cumprir suas obrigações com o Estado, com funcionários, fornecedores e clientes, ela precisa ter e estar em constante movimento. Esse movimento pode estar alinhado ou não com os propósitos empresariais, razão pela qual todas as funções ou disfunções se manifestam. Podemos dizer, então, que uma organização é algo "móvel".

Entendendo essa premissa, vamos considerar alguns fatores.

Todo móvel não é movido em qualquer meio e por qualquer agente?

> *Uma organização é algo "móvel".*

O que move o móvel deve ser mais forte que ele, pois, do contrário, o móvel não se sustentaria para se movimentar. Uma organização, seja do tamanho que for, é um corpo que é movido. Qual é o tamanho do agente que move o móvel? Certamente deve ser bem maior que ele, para assim permitir a contenção do movimento contínuo e para que o móvel não seja comprimido pela estreiteza e não cesse seu movimento.

Qual seria a natureza desse agente que move o móvel? Certamente de natureza oposta, de outro modo não existiria força para movimentá-lo. Se o móvel tem natureza corpórea, física, então de onde vem a força contrária para movimentá-lo?

Do incorpóreo, é claro. O incorpóreo é o não engendrado, é a essência, o objeto do pensamento. Tudo ocorre no pensamento para que se manifeste em realidade. O movimento da realidade se dá pelo mecanismo pensante. As ideias, as vocações e os anseios movimentam toda a estrutura do nosso cérebro a fim de experimentar a criação.

Steve Jobs é um bom exemplo disso. Ele tinha ideias muito além da realidade. Portanto, ele movia a realidade a partir do objeto das ideias.

A natureza das ideias e das propostas revela a essência do movimento de toda e qualquer organização, que, como organismo vivo, deve absorver o pulsar desse movimento e alimentar-se dele, levando-o para todas as partes que a compõem.

Quando pensamos, já estamos atraindo energia para ser experimentada. Todo organismo tem uma força motriz que o impulsiona. Certamente, essa força motriz brota de quem teve as ideias primárias, e tal potência continua sendo o motor principal do organismo enquanto ele se desenvolve. Nenhum organismo resiste à força do tempo sem um motor primário, e este se encontra no campo do pensamento e da ponderação quanto à real necessidade de sua existência. Algo que não precisa existir perece. O questionamento primordial das pessoas que querem iniciar algo ou desejam imprimir movimento em algum organismo – além de entender o ponto crítico da consolidação desse movimento – é o seguinte: Isto é necessário e relevante para o mundo?

Nenhum movimento se sustenta sem que exista relevância. Relevância é algo que traz vantagens, benefícios e valor real para o destino do movimento.

> *Relevância é algo que traz vantagens, benefícios e valor real para o destino do movimento.*

___ ORGANISMO PENSANTE E RELEVANTE ___

Trabalhadores, empregados, colaboradores, funcionários

Muitas pessoas veem sua realidade com um trabalho e por isso se sentem trabalhadoras. Tudo bem. No entanto, não é somente isso. Não vivemos só pelo trabalho, porque se assim fosse, a relevância do que fazemos poderia se tornar enfadonha.

Por outro lado, podemos entender que, segundo as leis, organizações precisam ter relações "trabalhistas" regulamentadas. Sendo assim, muitos tratam as pessoas como empregados, ou seja, aqueles que possuem um emprego, um "trabalho". Da mesma forma, é muito entediante ser simplesmente empregado em algo.

Com o passar do tempo, consultores e pensadores da área de administração cunharam o termo colaborador. Laborar significa, literalmente, trabalhar. Colaborador é, portanto, aquele que ajuda no trabalho. Ou seja, nada mudou em relação à visão inquietante do tédio.

> *É muito entediante ser simplesmente empregado em algo.*

Eu gostaria de provocá-lo em um pensamento. Todo organismo precisa que os órgãos estejam funcionando. Sem uma função efetiva, não existe o todo em movimento. Considerando essa ideia, qual é o nosso papel em um organismo vivo? Fazer as coisas funcionarem! Por isso aprecio muito a palavra "funcionário", que, de certa forma, foi sendo deixada de lado ao longo do tempo.

Funcionário é aquele que faz funcionar algo, que o coloca em movimento. Tudo o que queremos é que as coisas funcionem, não é mesmo? Por isso, precisamos de pessoas que façam as coisas funcionarem. Funcionários, funcionadores, funcionalistas, escolha seu melhor termo, se é que aprecia esta reflexão, mas enfatizo que a essência de um organismo vivo, pulsante e relevante é ter as funções funcionando por meio dos funcionários! Redundantemente, como queria dizer!

A manutenção e o crescimento do organismo

Muitas são as razões de morte do organismo. Como vimos anteriormente, uma delas é o desalinhamento com a consciência. Aqui vamos abordar algumas razões de desajuste e morte dos organismos.

As duas fontes primárias dessa decadência são a interrupção do crescimento do organismo – e nem deveria ser uma regra "crescer" – e a perda de sua força motriz, ou seja, o pensamento, a razão da existência ou mesmo a relevância do propósito foram perdidos ou abandonados. Tudo se resume a ganhar dinheiro, que é uma visão estreita de uma empresa.

Imagine um corpo humano em que somente um órgão funciona! Muitas organizações, vistas como organismos, não estão vivas simplesmente porque não pensam! A força motriz pode até continuar a mesma, proveniente de quem a gerou, mas o que realmente importa é ter a força motriz dentro de cada funcionário.

E como colocar a força motriz dentro de cada um deles?

Entendendo a interface entre organismos

O mundo é um campo de interfaces entre organismos vivos e alguns meio mortos. O aspecto visionário na liderança se nota quando passamos a entender que todas as coisas mantêm entre si uma relação de dependência, independência e interdependência. A cadeia fornecedor-cliente é peça crucial para o êxito de ações e projetos. O condicionamento de pensar a curto prazo e auferir resultados rápidos pode ser uma dinâmica necessária em determinados momentos de uma vida organizacional, mas certamente a transformação dessa dinâmica em prática constante cria um véu na visão de médio e longo prazos. Enxergar à frente com propósitos altruístas e de valor social dá a diretriz crítica quanto à atitude e à tomada de decisão para todos os níveis executivos.

Valor social

Os próximos tempos determinarão aquelas empresas que existem apenas para enriquecer e aquelas que enriquecem porque oferecem à comunidade algo que representa valor, que faz sentido para seus membros e lhes traz ganhos sociais. Sabe-se que esse será o fator determinante de reconhecimento no futuro, pois não teremos mais robôs comprando ou adquirindo coisas, mas seres com consciência. Essa consciência trará o senso crítico necessário no tocante ao papel das empresas.

Vamos tomar como exemplo o que ocorreu com a mundialmente conhecida rede de *fast-food* americana McDonald's. Em 2011, o ativista e *chef* de cozinha Jamie Oliver iniciou uma campanha contra a referida empresa pelo fato de ter descoberto que, havia tempos, o processamento da carne usada na produção de seus hambúrgueres utilizava hidróxido de amônio para converter sobras de carnes gordurosas em recheio. O hidróxido de amônio é um fermento empregado para controlar a acidez da carne e deixá-la livre de bactérias.

Na época, esse movimento do ativista motivou a empresa a divulgar uma nota informando que alteraria a receita do hambúrguer nos Estados Unidos, e que isso faria parte de um "esforço para alinhar os padrões da carne em todo o mundo".

"Basicamente, nós estamos levando um produto que seria vendido na forma mais barata para cães e, após este processo, podemos dar aos seres humanos. Por que qualquer ser humano sensato colocaria carne cheia de amônia na boca de seus filhos?", disse Oliver em seu programa de televisão.

Muitos exemplos como esse pautam um novo mundo onde os líderes visionários precisam guiar suas empresas de forma que a comunidade perceba explicitamente o ganho com a existência desse negócio.

Fazer um arrumadinho, um puxadinho ou dar um jeitinho para enganar as pessoas e com isso ganhar mais dinheiro são artifícios que estão com os dias contados. O mundo está todo plugado, as informações correm em velocidade inimaginável e em tempo real. Visionários precisam fazer essa leitura com muita antecedência e medir as implicações de determinadas decisões. O lucro é a resposta da sociedade ao que uma empresa oferece de valor. Os novos funcionários, das novas gerações, não querem mais trabalhar por um emprego e por um salário apenas, mas para uma organização que tenha significado e valor para a sociedade.

> O lucro é a resposta da sociedade ao que uma empresa oferece de valor.

___ UMA NOVA CONSCIÊNCIA E UM NOVO MUNDO ___

Já estamos em um novo tempo. As informações são dinâmicas, os dados e algoritmos determinam hábitos e consumo. Estamos entrando em uma era de soluções até então inimagináveis para o mundo. É muito provável que iremos viver a era dourada tão apregoada nos escritos antigos.

Fazer essa transição, dentro de uma organização, não é das tarefas mais fáceis para gestores e colaboradores. A seguir, veremos como transformar os quatro sensos da liderança fluida em ambientes que catalisem a evolução de pessoas e negócios.

___ CAPÍTULO 3 ___

PRIMEIRA ONDA
SENSO DE RESPONSABILIDADE

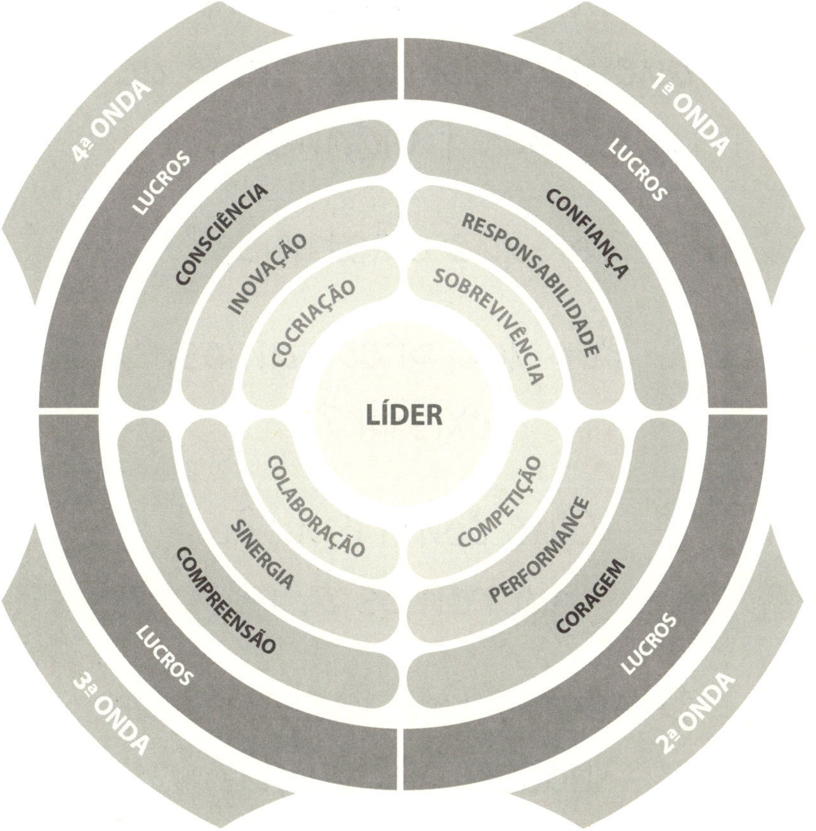
1ª ONDA
LUCROS
CONFIANÇA
RESPONSABILIDADE
SOBREVIVÊNCIA
2ª ONDA
LUCROS
CORAGEM
PERFORMANCE
COMPETIÇÃO
3ª ONDA
LUCROS
COMPREENSÃO
SINERGIA
COLABORAÇÃO
4ª ONDA
LUCROS
CONSCIÊNCIA
INOVAÇÃO
COCRIAÇÃO
LÍDER

Toda empresa consciente tem um propósito maior, que aborda uma série de questões fundamentais.

Por que existimos?

Por que precisamos existir?

Que contribuição queremos dar?

O mundo fica melhor com nossa presença?

JOHN MACKEY

Antes de iniciar o aprendizado sobre a liderança de primeira onda, responda a esta pesquisa sobre os desafios que se referem a este estágio.

Existe ambiente de confiança dos funcionários em relação à empresa?	Alto	Médio	Baixo	Nada
Qual o nível de confiança da sua equipe em você?	Alto	Médio	Baixo	Nada
As pessoas de sua equipe confiam em outras equipes?	Alto	Médio	Baixo	Nada
As pessoas confiam nelas mesmas?	Alto	Médio	Baixo	Nada
As pessoas assumem responsabilidades?	Alto	Médio	Baixo	Nada
As pessoas da minha equipe assumem seus erros?	Alto	Médio	Baixo	Nada
Você confia em sua equipe?	Alto	Médio	Baixo	Nada
Você consegue sair de férias tranquilo?	Alto	Médio	Baixo	Nada
Qual o volume de problemas das pessoas que elas resolvem e não chegam a você?	Alto	Médio	Baixo	Nada
Qual o número de pessoas que não se vitimizam na sua equipe?	Alto	Médio	Baixo	Nada

__ O LADO SOMBRA DA PRIMEIRA ONDA __

Risco 1: infantilização

Quando se tem uma hierarquia, o que é natural em algumas organizações, a figura do chefe tende a se firmar como o pai que sabe o que é certo e o que é errado, tratando funcionários ou membros da equipe como crianças ou filhos ineptos ou que devem ser fiscalizados para não cometer bobagens.

Muitos funcionários já entram para trabalhar assumindo o papel de filhos, que às vezes fazem coisas erradas e esperam a punição ou correção do pai.

Essa infantilização se encontra generalizada em diversas organizações: líderes esperando que seus funcionários assumam responsabilidades ao mesmo tempo que os tratam como crianças, rotineiramente.

Enquanto enxergarmos funcionários como crianças, eles não agirão de outro modo; não quererão assumir responsabilidades para não serem cobrados.

Certa vez, eu estava conduzindo um projeto de formação de líderes que duraria três anos em uma grande mineradora. O plano envolvia mais de 2 mil líderes supervisores, além de gestores e gerentes executivos. Um dos pontos do projeto era criar um ambiente de maior envolvimento e responsabilidade entre especialistas e técnicos, a fim de que pudéssemos aumentar as possibilidades de fazer sucessores.

Durante o projeto, o que mais ouvíamos dos supervisores era que os técnicos não queriam ser supervisores. Não tinham vontade nem ambição de assumir um papel de liderança.

Resolvi investigar e descobri ao final que uma parte deles era tratada como criança, e certamente uma criança não quer a responsabilidade e a pressão de uma supervisão. Muitos deles viam na supervisão um cárcere emocional e perda de qualidade de vida.

Enquanto as pessoas forem tratadas como crianças, haverá delegação para cima, ausência de responsabilidade, busca de culpados, vitimizações e mi-mi-mis.

> *Enquanto enxergarmos funcionários como crianças, eles não agirão de outro modo.*

Portanto, o primeiro grande erro da primeira onda quando gerida negativamente é criar um controle tão forte que infantilize a relação entre líder e liderado.

Risco 2: medo e protecionismo

Outro risco da primeira onda é ter profissionais que enxergam sua posição na empresa como um bem a ser defendido com unhas e dentes, buscando sempre provar suas competências para se manter no trabalho. A demarcação de território trava a dinâmica da empresa.

Muitas pessoas trabalham somente para garantir o emprego e a posição. O medo de perder o cargo as leva a proteger o que imaginam ter conquistado. São pessoas que, quando se sentem ameaçadas, fecham-se para os outros e centram apenas no que é de sua responsabilidade. Em outras palavras, preocupam se exclusivamente com a área em que atuam e com os números que precisam entregar. Naturalmente, esse sentimento de proteção impede o movimento de fluxo em qualquer sentido, quebrando a transversalidade tão necessária para a agilidade do negócio.

Risco 3: obediência servil

Outro grande risco é ter pessoas que servem a seus chefes em vez de servirem ao negócio. São profissionais receosos de perder o cargo ou emprego, que trabalham para entregar exatamente o que seus chefes querem, não importando se eles estão certos ou errados.

No geral, são pessoas extremamente obedientes. Alguns líderes não as percebem como submissas porque elas simplesmente fazem tudo o que eles querem, mas muitas são incapazes que dizer "não", de questionar, inovar e promover rupturas. Tais pessoas entendem que a aprovação do chefe em relação ao seu trabalho é suficiente para que estejam "bem" na empresa.

Em outras palavras, são excelentes soldados, e quando assumem posições de liderança tendem a fazer o mesmo com suas equipes: formam funcionários obedientes e servis.

___ A CULTURA DE RESPONSABILIDADE ___

Como fazer as pessoas assumirem responsabilidades sem que isso se torne um peso contínuo para um líder e um desgaste com seu pessoal? Certamente, todos gostariam de uma fórmula simples e prática para resolver a questão, como se um apertar de botão solucionasse tudo. Falando em termos de liderança fluida, seria como se num piscar de olhos tudo se ajustasse e as pessoas se encaixassem em seus papéis conforme o esperado no plano corporativo. Seria fantástico, não é mesmo?

Mas não é assim que a vida funciona. A primeira onda precisa de fundamento, base e construção, até mesmo para fluir pela responsabilidade.

Observe o modelo que utilizaremos para compreender a primeira onda e implantá-la pela cultura de responsabilidade, com cada pessoa desempenhando o seu papel.

Modelo da liderança de primeira onda

[Figura: diagrama em forma de leque com o centro "Cultura – Responsabilidade", camadas à esquerda "Rituais, Eixos, Valores" e à direita "Por quê?, O quê?, Como?", apoiado sobre a base "CONFIANÇA"]

Todo o processo da liderança de primeira onda passa por uma construção de cultura pela confiança e em todos os níveis.

Quando falamos de cultura, estamos mostrando que o ambiente influencia as pessoas e facilita a adoção de comportamentos esperados. Vejamos a seguir a orquestração dessa construção.

___ O ELEMENTO CATALISADOR DA LIDERANÇA DE PRIMEIRA ONDA: CONFIANÇA ___

O elemento crítico de sucesso para a construção de um ambiente positivo de primeira onda, baseado em confiança, é o alinhamento de três fatores: valor, moral e ética.

É importante delimitar esse alinhamento e esclarecer seus fatores sem generalizá-los, a fim de que sejam úteis em nossas definições.

Base da ética: alinhamento entre o que quero, o que posso e o que devo.

Base da moral: o que fala e o que faz.

Base do valor: o que importa em sua vida.

O dilema da ética

Todos nós temos aspirações e vontades, sofremos pressões e influências no ambiente de trabalho. A construção da ética envolve a conjugação consciente de três fatores racionais e emocionais.

O primeiro deles é "o que quero". Posso querer trocar minha equipe. Até esse ponto, tudo bem, é apenas uma pretensão.

O segundo fator é "o que posso". Eu tenho poder para trocar a equipe? Eu posso mudar? Vamos dizer que sim, a empresa lhe concedeu esse crédito decisório.

O terceiro fator representa "o que devo". Eu devo fazer isso? Quando eu digo "quero", tal afirmação envolve desejo; quando digo "devo", implica meus valores pessoais e o impacto que minha decisão vai causar.

Vamos imaginar que a sua equipe tenha oito pessoas e quatro delas detêm todo o conhecimento técnico adquirido nos últimos vinte anos. Talvez você não as deva demitir, mesmo querendo e mesmo podendo.

A ética compreende a conjugação desses três fatores para que as decisões sejam positivas para todos. Ética envolve discernimento e decisão.

> *Ética envolve discernimento e decisão.*

Minha moral ou sua moral?

Um homem detinha o controle do tráfico de drogas em uma comunidade no Rio de Janeiro. Ele havia crescido em um ambiente onde as regras locais prevaleciam e eram seguidas à risca. Não havia possibilidade, no entendimento dele, de seguir com um modelo tradicional de emprego, trabalho e remuneração.

Já muito jovem ele soube que seus ganhos viriam de seu esforço associado ao universo das drogas. Ele começara entregando a mercadoria e adquiriu alguns pontos com os chefes do tráfico; depois de um tempo, por força de uma disputa interna, ele assumiu o comando do negócio. Se perguntássemos às pessoas dessa comunidade se ele era um homem de moral, a maioria responderia que sim, afinal, nunca deixara de cumprir com sua palavra. Se alguém de sua (assim chamada) família fosse prejudicado, ele tomaria a frente da situação para resolvê-la. E resolvia. Por vezes, avisava seus parceiros de que se houvesse traição, a pessoa seria punida, inclusive com a morte, e ele cumpria. Era um homem de palavra. O que ele falava, ele fazia. Dessa forma, em seu meio, aos olhos de seus iguais, era um homem de moral.

Talvez você, leitor, esteja pensando: Mas que moral existe em matar pessoas ou fazer mal a alguém? A moral é construída em ambientes e culturas específicos. A ideia de moral vem da conjugação do falar e do fazer em relação àquilo a que as pessoas dão valor.

O que nos causa incômodo é se não concordamos com a fala. Mas a ação de falar e fazer mostra coerência atitudinal. Pode não ser a sua moral, mas é a moral dele. E assim ocorre com qualquer pessoa em situação de liderança.

Nas perdas encontramos nossos valores

Muitas pessoas não têm clareza daquilo a que dão valor. Muitos gestores já me procuraram em meio a alguma crise sem ter a exata noção do que realmente importava. Sempre recordo às pessoas que é fácil descobrir as coisas a que damos valor. É só retirá-las de nossa vida. Quando perdemos coisas ou pessoas é que percebemos seu real valor para nós.

Em 2003, fui a Uberlândia para dar treinamento de liderança em um grande atacadista. Um dos gestores, no intervalo, parecia aborrecido. Eu me aproximei e perguntei: "O que houve?" Ele respondeu que estava vivendo exatamente a situação sobre a qual havíamos falado no treinamento. Ele não deu valor a um supervisor, e um concorrente o tirou da empresa. O gestor estava transtornado porque aquele supervisor era peça-chave para os resultados do time. Eu o surpreendi admitindo em voz alta: "*Não dei valor ao cara. Eu tinha que estar mais próximo dele e agora o perdi*".

Valor nós descobrimos, às vezes, da pior forma: pela perda. Por isso, exercite descobrir a que você dá valor e veja se está mesmo valorizando as coisas certas. As organizações, muitas vezes, estabelecem o tipo de comportamento que deverá ser valorizado em relação a seus funcionários, ou seja, o que querem como característica comportamental coletiva. Tal definição é geralmente encontrada na comunicação institucional da empresa, na qual declara sua missão e seus valores.

> *Valor nós descobrimos, às vezes, da pior forma: pela perda.*

Valores por meio de histórias

Peter Guber é um reconhecido produtor de cinema, dono de um dos currículos mais expressivos do mundo do entretenimento. Foi responsável por levar às telas histórias como *Rain Man, A cor púrpura, O exterminador do futuro* e *O feitiço do tempo,* entre outras.

Ele passou os primeiros 37 anos de carreira sem compreender bem por que contar histórias funcionava sempre, sem entender que ele era um contador de histórias. Há um poder oculto nas histórias.

Um bom contador de histórias é um ótimo ouvinte. E precisa ter uma sensibilidade aguda para obter pistas sobre a plateia, sobre sua reação e interação, para que as pessoas participem também.

Pode ser uma memória, uma notícia, uma analogia... Uma história carrega os valores fundamentais e a ética de um sistema, e o coração é sempre o primeiro alvo quando se conta uma história, estabelecendo uma conexão emocional e não apenas comercial com o público. Fazemos isso imprimindo voz, ritmo e presença.

As histórias carregam cultura, demonstram valores e engajam.

> *As histórias carregam cultura, demonstram valores e engajam.*

___ BASES PARA A AUTOCONFIANÇA ___

Em ambientes velozes, fluidos e evolutivos não é possível se implementarem boas práticas e realizar objetivos sem confiança.

Ao longo de uma jornada de décadas, eu e minha equipe fomos descobrindo fatores que ajudavam as pessoas a adquirir autoconfiança. À medida que nós intervínhamos, ativando esses fatores, evidenciava-se a resposta positiva de nossos interlocutores. Vejamos, então, quais são esses fatores que considero muito simples, mas de profundo impacto. As bases para uma pessoa confiar em si.

1. Clareza de papéis e expectativas

Algumas organizações têm quadros e escopos bem definidos de trabalho. Isso dá segurança e foco. Outras organizações já não têm muito claros esses itens, e o ambiente de improviso é parte do jeito de trabalhar. Pessoas que conseguem ter clareza de seu papel, do que podem e do que não podem, da autonomia que possuem e do que é esperando delas em termos de conduta e performance, terão mais facilidade de adquirir a confiança necessária para realizar suas tarefas e assumir seu papel.

2. Autoconhecimento

Nós somos um amontoado de personalidades dentro de um corpo que pensa, interpreta, sente e manifesta. Muitas organizações dispõem de instrumentos de análise de perfil e estilo, além do tradicional *feedback*, para oferecer elementos que permitam às pessoas se autoavaliar e se autoconhecer. Quando uma pessoa começa a se entender melhor, ela age ou reage de determinada forma, fica mais fácil ter coragem de assumir erros e fraquezas. É dessa forma que a evolução acontece.

> **Nós somos um amontoado de personalidades dentro de um corpo que pensa, interpreta, sente e manifesta.**

3. Propósito

Ainda existem pessoas que vão ao trabalho para entregar conhecimento e receber dinheiro por isso. É certo que a troca sempre existirá, mas o fator de motivação não será sempre o dinheiro, mas fazer algo que impacte o ambiente em que se vive. As pessoas jovens querem algo que faça sentido para elas. Por isso, viver e trabalhar por um propósito muda o espírito de confiança de alguém. Quando uma pessoa tem propósito, ativa o senso de responsabilidade; ela tem clareza da situação, analisa-a e age.

> **As pessoas jovens querem algo que faça sentido para elas.**

__ RELAÇÃO COM LÍDERES __

Quando falamos de confiança, certamente não podemos nos ater somente à relação de sinceridade da pessoa com ela mesma e seu entorno, mas também à sua relação com quem está no comando. Em nossas pesquisas, descobrimos três fatores que dão condições para que uma pessoa confie na outra. Vejamos, então, quais são as bases para uma relação de confiança com o líder.

1. Coerência

Coerência é falar e fazer, prometer e cumprir. Simples assim. O bom líder, neste campo específico, é uma pessoa previsível quanto a regras e condutas. Coerência é tudo quando se quer ter crédito com alguém.

2. Franqueza

Em um ambiente de franqueza, não há medo. A ausência do medo abre espaço para a confiança nas relações. Recordo-me de uma visita que fiz em Silicon Valley à empresa Netflix, onde uma das regras colocadas pelo fundador era: "Discordar em silêncio é desleal com a Netflix". Franqueza é essencial para haver confiança, por mais difícil que seja.

> *Franqueza é essencial para haver confiança, por mais difícil que seja.*

3. Respeito

Aqui entra outro fator que fortalece a confiança. Respeito é o ingrediente que ajuda a franqueza a não ser rude. Respeitar é levar em conta a hora e o jeito de dizer as coisas, por mais sinceras e duras que sejam. É levar em conta o sentimento do outro. Respeito é garantir à pessoa que suas vulnerabilidades não serão usadas contra ela nem expostas de forma constrangedora.

___ A REGRA DOS CINCO ___

Em um mundo de centenas de indicadores e informações disponíveis, o que mais afeta o foco e a confiança de um profissional é ter diversos dados para gerenciar.

O volume – muitas vezes necessário – de números e indicadores nem sempre deixa claro para quem os analisa quais são os que realmente impactam o negócio.

Por isso, um fator crítico de sucesso, e também gerador de foco, é a aplicação da "regra dos cinco" em cada liderança da organização, qual seja, ter no máximo cinco indicadores que deveriam ser cobrados primariamente. (É claro que não estamos sugerindo eliminar todos os outros. Eles são úteis em rastreamentos e desdobramentos.)

Quando um profissional está ciente de que são esperados dele os cinco números mais importantes, mais condição ele tem de canalizar toda a sua atenção nesse trabalho.

Algumas empresas praticam como lei a regra dos cinco, em que são dadas a cada líder cinco grandes metas que são hierarquicamente distribuídas, de forma que todos entendam que os objetivos cumpridos vão se somando até atingirem o resultado maior esperado pela organização. Cabe observar que algumas empresas da Europa adotam até oito regras.

___ OS NÚMEROS GUIAM ___

Imagine que você quer emagrecer. Quais são as duas perguntas básicas que o especialista lhe fará? Provavelmente, qual o seu peso atual e quanto deseja pesar. A despeito de outras perguntas relevantes, as duas primeiras definem como as coisas estão e como devem ficar. Da mesma forma ocorre em uma organização. Sem números não há parâmetros de progresso. Muitos gestores trabalham dia e noite sem ter uma ideia exata do que estão fazendo nem uma bússola para os orientar.

Por outro lado, há uma grande quantidade de gestores que lida com tantos números, métricas e indicadores que acaba não sabendo exatamente o que fazer com esses dados nem como transformá-los em resultado ou desempenho. Por isso, o ponto crítico é encontrar os números-chave de uma função, de uma área ou mesmo do negócio.

___ FLUIDEZ PRECISA DE ESTRUTURA E CONTROLES ___

Estabelecer controles é um fator básico para identificar problemas, tomar decisões e guiar a performance. O grande obstáculo tem sido a maneira de fazer isso. Os controles têm se tornado verdadeiros sistemas de tirania e medo dentro de organizações, transformando o potencial criativo em sucata mecanicista humana. Pessoas trabalhando como meros robôs da produtividade controlada.

Os números devem servir às pessoas, e os gestores devem ajudar as equipes a ver que os números, na verdade, são seus aliados, pois dão a noção exata da qualidade do que fazemos, proporcionando-nos oportunidades de reflexão e melhoria do trabalho. São os números que ajudam uma organização a decidir como pretende remunerar as pessoas. E ter uma visão clara de benefícios tangíveis e intangíveis é uma plataforma importante.

> *Os controles têm se tornado verdadeiros sistemas de tirania e medo dentro de organizações, transformando o potencial criativo em sucata mecanicista humana.*

As pessoas são motivadas por muitos fatores, mas, querendo ou não, é preciso sempre oferecer as bases sustentáveis para que possamos avançar nas relações trabalhistas, criando a participação nos resultados. O futuro das organizações passará pela socialização do capital e de seus dividendos, mas para que isso ocorra de forma justa é necessário conhecer com total precisão a performance de cada um e, certamente, da empresa. Sem números confiáveis, uma empresa é nada. A cada dia as organizações se movimentam para um controle efetivo da produtividade usando algoritmos, robôs etc. Portanto, as pessoas precisarão ter clareza não apenas de seus novos papéis, mas dos indicadores sobre os quais deverão pautar sua ação.

> *Sem números confiáveis, uma empresa é nada.*

Empresas na Alemanha têm sistemas de controle tão rigorosos que se um funcionário colocar um parafuso errado em uma máquina e no fim da cadeia produtiva essa falha gerar uma insatisfação no cliente, esse funcionário é facilmente identificado e seus bônus trimestrais podem ficar comprometidos. Isso não precisa ser visto como uma punição, mas como dispensar ao funcionário um tratamento de sócio.

Quando uma empresa perde, os sócios também perdem, querendo ou não. Da mesma forma, quando uma empresa, com critérios claros, define premiar por resultados, deve também retirar os prêmios quando existe alguma falha prejudicial ao seu negócio. Por isso, a performance deve ser medida não só do ponto de vista coletivo, mas também da perspectiva "pessoal". O papel central do líder de primeira onda é saber encontrar os números certos e relevantes, montar processos consistentes e confiáveis e fazer a máquina gerar resultados no período certo. Isso tem a ver com raciocínio estrutural, disciplina, execução. É o fundamento de todo sistema, método e função.

Os organismos do futuro serão cada vez mais automatizados e robotizados, e a inteligência artificial tomará espaço em trabalhos mecânicos, repetitivos e outros em que os algoritmos puderem atuar. Mas mesmo com toda essa projeção disruptiva, a mentalidade de primeira onda será promover condições para que as instituições funcionem, controlem e se aperfeiçoem.

Nesse ambiente futurista, um dos fatores que mais fará diferença em uma organização chama-se velocidade. Empresas rápidas sentirão menos a pressão por melhores resultados. Mas para que a velocidade ocorra, existe uma premissa simples que deve ser respeitada: as ações e decisões precisam ser tomadas quanto antes para se agir diretamente na origem do problema. Empresas ágeis resolvem seus problemas no ponto em que são gerados, seja por meio de robôs e sistemas, seja por meio de pessoas.

Cabe à liderança elaborar os critérios para a tomada de decisões. Normalmente, gestores tomam decisões baseados em algum raciocínio ou lógica. Então, qual é o papel do líder? Simples: identificar as áreas que precisam fluir mais e o fator – ou fatores – que as está travando. Essas pessoas normalmente têm argumentos em forma de justificativas bem convincentes para continuar com as decisões todas presas nela.

> *Empresas ágeis resolvem seus problemas no ponto em que são gerados.*

__ PROCESSOS: RIGIDEZ E FLUIDEZ __

Processos são processos. É difícil conduzir um organismo sem processos. Os processos são como condutores de um corpo, as veias, os canais de fluxo. Se não estiverem corretamente ajustados e em plena função, obstruem tudo.

Para que existem processos?

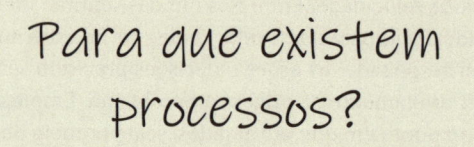

Vamos ver alguns motivos.

- **Facilitar o entendimento das operações.**
- *Engajar pessoas mais rapidamente.*
- **Apontar algo que não esteja funcionando, para ajustes.**
- *Facilitar o fluxo.*
- **Mapear e auferir.**

Qualquer outro motivo que não os mencionados faz a organização se tornar excessivamente controladora, travando o fluxo mediante burocracias, milhões de autorizações, sistemas complexos para liberação de trabalho etc.

Organizações públicas, em que regimentos e políticas internas são mais complexos, têm razões adicionais para se precaver de ilicitudes, por exemplo, mas é crucial haver inteligência processual na área pública para que os processos não a engessem e gerem más decisões.

Também podemos dizer que, por outro lado, há organizações – normalmente de pequeno e médio portes – em que a informalidade leva à ausência de processos. Isso não é necessariamente um problema. A questão que envolve processos diz respeito exclusivamente a situações em que há aumento e/ou repetição de problemas. Essas circunstâncias podem ser um indício de que é necessário definir ou rever o funcionamento de determinada área.

No universo empresarial, os processos podem alavancar ou paralisar uma organização. Nós, no Brasil, fomos condicionados a complicar as coisas. Fazê-las funcionar da forma mais complexa possível, e, quando não é assim, é um improviso geral. Nós nos tornamos mais efetivos quando, primeiramente, sabemos identificar quais processos devem ser cumpridos com absoluta rigidez e quais não.

O papel central do líder de primeira onda é tornar as coisas simples.

O simples, quando funciona,
é replicável.

__ CULTURA: PROPÓSITO E VALORES __

> *"Líderes e liderados estão ambos seguindo um líder invisível: o propósito maior."*
>
> __ MARY PARKER FOLLETT __

Por que uma empresa surge? Posso apontar algumas razões.

- *Alguém viu uma oportunidade de ganhar dinheiro.*
- *Alguém teve uma grande ideia ou anseio/sonho.*
- *Alguém percebeu uma carência.*
- *Alguém quer resolver um problema específico, individual ou coletivo.*

Muitos negócios são criados, mas as pessoas não entendem claramente qual é o propósito desses negócios, pois o movimento e a rotina tiram a necessidade de se pensar sobre o assunto. Isso ocorre sobretudo porque é preciso sobreviver no mercado. Empresas iniciantes, ante a necessidade de estabilização, encaixam-se no primeiro degrau da pirâmide de Maslow: lutar pela sobrevivência.

É natural, e até necessário, que muitas empresas se estabeleçam focadas na sobrevivência, mas a rotina diária leva a uma miopia de entendimento em relação ao propósito maior do negócio.

Nenhuma empresa existe se não cumprir a exigência de gerar um benefício, seja qual for. Portanto, o papel dos líderes é definir muito claramente qual será o principal benefício gerado. Empresas precisam fornecer vantagens sociais. Chamamos isso de impacto social.

Tomemos como exemplo a Nike. Muitos diriam que o negócio da empresa é oferecer conforto e qualidade em materiais esportivos quando, na verdade, o que eles pretendem vender é essencialmente "atitude". O mesmo pode ser dito da Kopenhagen, empresa que comercializa uma diversificada linha de chocolates finos, mas cujo foco é vender a ideia de que o produto, para além do consumo, é um "presente".

> Nenhuma empresa existe se não cumprir a exigência de gerar um benefício, seja qual for.

É comum enxergarmos o principal benefício de uma empresa para o cliente de forma bem tradicional, e não é um problema pensar assim, mas podemos notar um movimento empresarial cada vez mais preocupado em produzir bens que também gerem significado, alcançando um diferencial de mercado e entusiasmando o corpo de funcionários.

Eu já conduzi mais de duzentos workshops voltados à busca pelo negócio com significado, e percebi que toda empresa pode encontrar sua vocação específica, mesmo com produtos comuns de consumo.

A chave para que a definição do negócio não seja algo superficial é perceber a relação direta entre vocação da empresa e anseio dos sócios ou dirigentes. Quanto maior a organização, maior o número de pessoas envolvidas para a descoberta da vocação verdadeira; quanto menor a empresa, mais se deve concentrar na vocação dos sócios. E vale ainda ressaltar que vocações mudam diante de um mercado volátil.

O negócio de uma empresa deve inseri-la como uma solução, e não um problema para o mercado.

> O negócio de uma empresa deve inseri-la como uma solução, e não um problema para o mercado.

Provoco o leitor a refletir sobre a existência de uma organização.
Ela existe para quê?
Por que precisamos valorizar a palavra propósito?

Propósito é aquilo que se pretende alcançar ou realizar, um intento, projeto ou finalidade. É a contribuição que se quer dar ou o impacto que se quer gerar em algo.

Propósito tem mais relação com finalidade do que a conhecida palavra "missão". Propósito traz um sentido, um significado de utilidade para uma ação. Essa é a razão pela qual algumas empresas vêm adotando o conceito de propósito maior como fonte diretiva.

Quando temos uma clara noção do porquê trabalhamos todo dia, a ideia de contribuir com a sociedade surge de forma mais positiva e espontânea do que apenas garantir o salário no fim do mês.

A Rede Globo, certa vez, apresentou um propósito muito interessante: "Estar perto de quem está longe". Com uma simples frase, disse muita coisa e justificou suas diretrizes e a busca pela excelência.

Um propósito maior, bem feito e honesto

- *atrai, motiva e retém talentos,*
- *orienta na formulação de objetivos,*
- *é uma bússola em tempo difíceis,*
- *ajuda a melhorar a performance.*

No livro *Capitalismo consciente*[1] encontramos uma descrição muito lúcida sobre a diferença entre propósito, missão e visão:

> **Propósito** *refere-se à diferença que você está tentando fazer no mundo.* **Missão** *é a estratégia central a ser realizada para cumprir o propósito.* **Visão** *significa a vívida e imaginativa concepção de como o mundo vai olhar para o negócio quando seu propósito for em grande parte realizado.*

---

1. MACKEY, John; SISODIA, Rajendra. *Capitalismo consciente*: o espírito heroico dos negócios. São Paulo: HSM, 2013.

Propósito tem a ver com contribuição e impacto.

___ UM ALINHADOR DE PROPÓSITOS E VALORES ___

Onde está a essência de uma organização? Provavelmente, alguém mais técnico poderá afirmar que é no propósito. Podemos admitir inúmeros conceitos para determinar a razão de existir de uma empresa, mas entendo que a essência não se concentra propriamente no propósito, mas em algo que acredito ser crítico: o alinhamento do propósito com princípios/valores.

É perceptível um erro clássico: criar propósitos que não se conectam com os valores essenciais. Se você observar grande parte dos propósitos e valores que constam dos documentos institucionais e dos sites das empresas, verá que pode simplesmente substituir o nome de uma companhia pelo de outra que propósito e valores se manterão quase sempre iguais.

Leia, por exemplo, este trecho:

> *Propósito: obter a eficiência em nossas operações a fim de satisfazer nossos clientes, criando um ambiente em que os talentos da empresa queiram ficar, construindo assim uma lucratividade saudável para acionistas, fornecedores e comunidade.*
> *Valores:*
> - *Respeitar todas as pessoas*
> - *Maximizar esforços*
> - *Diminuir todos os custos desnecessários*
> - *Pensar sempre de forma integrada*

Note que podemos adotar propósito e valores apresentados em diversos tipos de negócios. O problema é que isso não afeta as atitudes e o modo de guiar as decisões de uma organização. Antes de mais nada, as lideranças têm o dever crucial de ser tradutoras do que é necessário e também do que é "possível" de ser assumido como propósito e atitudes por seus contratados, de forma que isso não seja algo tão distante e custoso de ser alcançado. As lideranças precisam ser tradutoras e também costureiras, pois o acordo vindo da maioria sela um compromisso atitudinal. Em regra, os funcionários são um espelho das atitudes e decisões tomadas por seus superiores.

As pessoas que exercem o poder normalmente não foram preparadas para isso. Foi o que constatei em grande parte de minha vida como consultor. Elas não gostam de ser questionadas, não se preocupam se estão alinhadas com os valores da empresa ou não, primeiro porque às vezes nem sabem que valores são esses, segundo porque ninguém as cobra. Esse é um assunto que muitas pessoas acham banal e sem grande importância, uma vez já tendo definido seu propósito e seus valores.

A base e a chave para o êxito de uma organização é a costura bem feita de propósito, missão, visão e valores, realizada por suas lideranças. Isso significa encontrar o propósito que traduz uma aspiração coletiva e os valores essenciais que naturalmente florescerão das pessoas.

> *A base e a chave para o êxito de uma organização é a costura bem feita de propósito, missão, visão e valores, realizada por suas lideranças.*

___ O PROPÓSITO TRANSFORMADOR MASSIVO ___

Algumas organizações já compreenderam o valor de se ter um propósito que seja de impacto global. Algo que mexa com o mundo. As novas gerações e os talentos técnicos valorizam as razões, não necessariamente o dinheiro. Quando empresas investem seu tempo para descobrir a real vocação de sua existência, no intuito se tornarem organizações relevantes para o mundo, elas estão declarando que querem fazer algo de que as pessoas se orgulhem.

Vejamos alguns propósitos transformadores massivos.

Tesla: *Acelerar a transição do mundo para a energia limpa.*

Spotify: *Levar música saudável a todos.*

Google: *Organizar as informações do mundo.*

O propósito transformador massivo não é um slogan, uma frase de efeito ou uma peça de marketing. É o reflexo da cultura intencional de uma organização.

Muitos organismos não se sustentam porque não houve um alinhamento entre vocações e expectativas de mercado.

Quantos negócios se encerram em menos de cinco anos?

Inúmeros. E as razões para essa realidade passam por falta de preparo, incompetência técnica, falta de visão de mercado, negócios inapropriados e pensamento exclusivo de curto prazo, entre muitas outras.

Proponho aqui uma abordagem organística para entendermos essa situação desde uma perspectiva imaterial. Como vimos anteriormente, tudo se inicia no incorpóreo, ou seja, na mente.

Nós temos duas opções de realização: o caminho do ego e o caminho da consciência.

O que vêm a ser esses caminhos? Nossa mente é regida por nossos desejos, impulsos e vontades, que podem estar alinhados com a consciência ou refletir um padrão de defesa que estejamos manifestando.

Considere os exemplos que seguem.

- *Quando uma pessoa tem medo de ficar pobre e resolve montar um negócio baseada nesse medo, ela se alinha com o ego e não com sua consciência.*
- *Quando alguém se sente traído e resolve se vingar estruturando um negócio, está sendo movido pelo ego, não pela consciência.*
- *Quando uma pessoa vê uma oportunidade para ganhar dinheiro e abre seu negócio exclusivamente por essa razão, é movida pelo ego.*

> **Nós temos duas opções de realização: o caminho do ego e o caminho da consciência.**

Isso não significa que os negócios que assim começam vão perecer, mas os que perecem decerto foram movidos por uma força motriz desalinhada com a consciência.

Um organismo precisa existir por vocação, inspiração, intuição ou caminho natural. Do contrário, esforço desmedido, dor e luta contínua serão disfunções inevitáveis a ser enfrentadas ao longo do percurso. Estar ou não alinhado com a consciência é a principal razão do sucesso ou do fracasso de uma organização.

Nem todo mundo deve ter a obrigação de iniciar organismos. Estimular o empreendedorismo é uma coisa, dizer que todos devem ser empreendedores é outra.

A vocação é algo natural, seja para administrar um barzinho, seja para vender roupas, abrir uma barraca de frutas, costurar, atuar na área de saúde, fazer consultoria jurídica etc. Todas as organizações precisam de uma força motriz autêntica. Em regra, os grandes organismos nasceram de pequenos, ou mesmo "minúsculos", organismos. Estes, por sua vez, tiveram sua força motriz natural.

> *Um organismo precisa existir por vocação, inspiração, intuição ou caminho natural.*

___ COMO DEFINIR OS VALORES CERTOS? ___

Uma discussão corporativa sobre valores nunca começa bem quando a mente é colocada em um futuro ideal e desejável. Muitas vezes, o senso de praticidade e realidade é completamente abandonado, a ponto de se fantasiarem projeções a partir de uma utopia da perfeição do comportamento organizacional.

Quando me vejo em uma situação como essa, ponho-me de forma elegante e sutil a perguntar a meus interlocutores sobre as dificuldades mais recorrentes da empresa e os comportamentos que estão por trás delas. Se apresentarem atitudes equivocadas, inicio uma investigação respeitosa para encontrar a origem do problema. Às vezes a alta direção assume a responsabilidade, às vezes não, o que me faz aprimorar as perguntas até que reconheçam que líderes influenciam valores e conduta.

Uma vez entendido que o "falar e fazer" é um fator de influência, eu levanto outro ponto: O que realmente importa para a saúde organizacional?

Quando coloco essa pergunta, começamos a perceber que muitas das belas palavras que definem os valores não são efetivas para uma cultura poderosa.

Vou dar um exemplo.

Certa vez estava com a alta cúpula de um banco e discutíamos sobre os valores quando chegamos à conclusão de que um dos principais pilares da existência de uma instituição financeira é a confiança. Se o mercado desconfia de algo, um banco pode fechar as portas em dias ou horas. O curioso é que naquele banco não havia a palavra confiança em sua definição de valores. Notadamente, um dos problemas do banco era a dificuldade interna de responder mais rápido às mudanças do mercado em virtude da falta de confiança entre pessoas e áreas.

Assim, eu perguntei: "O que os líderes estão fazendo para resolver isso?"

Um deles respondeu: "Estamos pressionando e punindo aqueles que não estão ajudando".

Eu então questionei: "A forma como estão atuando gera confiança ou medo?"

O grupo ficou em silêncio e, partir dali, iniciou-se uma mudança de entendimento do que realmente são os valores e quão práticos e realísticos devem ser para uma efetiva construção de cultura organizacional.

Em síntese, quero ajudá-lo a descobrir seus valores.

Veja o quadro a seguir.

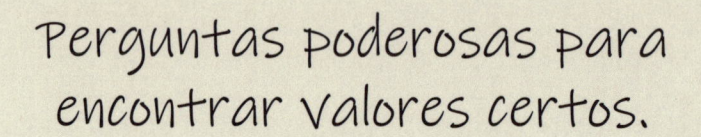

Perguntas poderosas para encontrar valores certos.

1. Quais são os problemas recorrentes que temos e que não deveríamos ter?

2. O que vem funcionando de forma extraordinária e não podemos perder?

3. O que o mercado espera de nós e como devemos nos comportar para atender a essa expectativa?

4. Com quais comportamentos a alta direção consegue efetivamente se comprometer?

5. Quais comportamentos coletivos geram impacto real no negócio e nos diferenciam dos demais?

6. É possível contratar pessoas que sigam esses comportamentos e atitudes?

__ EIXOS: A ESTRUTURA QUE SUSTENTA E TRAZ RETIDÃO __

Toda estrutura de trabalho precisa de uma base que a sustente. Essa sustentação é aquilo que guia diariamente o gestor na busca por resultados. Chamamos isso de eixo.

Eixo é o que sustenta.

A definição de um eixo começa pelo mapeamento dos processos que sustentam a função. Processo é um procedimento crucial de ser feito. Por exemplo, todos nós precisamos escovar os dentes, mas existem muitas formas de fazê-lo. Essas formas são procedimentos: um escova de baixo para cima, outro escova de maneira circular, outro usa jato de água, e assim por diante. Estar no eixo é definir o melhor processo e realizá-lo com uma frequência que gere os resultados.

> *Eixo é o que sustenta.*

Um gestor de vendas, por exemplo, precisa de reuniões, mapeamentos, treinamentos e momentos de *feedback*. Esses procedimentos são importantes para que ele possa fazer de sua gestão um movimento consistente de melhoria contínua.

Eixos representam os processos que, se feitos periodicamente, sustentam o resultado.

__ MAPA DA PERFORMANCE: O GUIA __

Para que uma pessoa possa dar o seu melhor, é fundamental que ela encurte o tempo que levaria para performar. O que a liderança poderia fazer para catalisar mais rapidamente o melhor de cada um? O papel da liderança fluida é facilitar o desempenho de uma pessoa em seu escopo de atuação e no cumprimento de suas responsabilidades.

Imagine que você tenha visitado Paris por quinze dias e passado por várias experiências positivas e negativas. Agora, um parente seu decide ir a Paris e tem apenas quatro dias para conhecer a cidade. Não seria útil se você desse as dicas e montasse um roteiro simples que ele poderia seguir para ter maior proveito? Claro que sim!

A esse roteiro, no mundo corporativo, chamamos mapa da performance. Tal instrumento funciona como um eixo direcional. Ele estabelece metas e impulsiona à ação. Este é o objetivo do mapa: esclarecer e guiar a performance a partir do que é esperado.

Mapa não é uma descrição de cargo e função. Trata-se de um alinhador estratégico daquilo que é essencial de ser feito para se obter alta performance e responsabilidade.

Um mapa de performance contempla cinco elementos direcionais:

1. Propósito maior da função.

2. Indicadores-chave.

3. Atividades essenciais de performance.

4. Nível de autonomia para as atividades.

5. Comportamentos que geram sucesso.

Função:	Propósito:	
Resultado esperado	Atividades essenciais - Responsabilidade	Autonomia

Comportamentos essenciais

Propósito maior da função

Toda função tem um valor. O porquê de ela existir. O papel da liderança é estabelecer o valor real e significativo daquela função para que o profissional que vai exercê-la compreenda sua real importância.

Seguem alguns exemplos de propósito maior.

- *Lojista de moda: ajudar as pessoas a se sentirem melhor com elas mesmas por meio das roupas.*
- *Gerente de um alto-forno: garantir a estabilidade e a otimização de custos de produção para trazer ganhos de escala e resposta aos clientes.*
- *Recepcionista de um hospital: fazer as pessoas se sentirem bem tratadas em momentos difíceis, com cortesia e rapidez.*
- *CEO de companhia de energia: obter lealdade e comprometimento de todos com as metas, estratégias e valores da empresa.*
- *Porteiro de um atacado: ser o guardião da empresa.*
- *Corretor de seguros: conscientizar sobre as consequências da imprevisibilidade da vida e preservar o patrimônio das pessoas.*

Resultados esperados - *dashboards* (indicadores-chave):

Se não podemos medir, não podemos gerenciar, com já disse o famoso consultor Vicente Falconi. Ter indicadores-chave é crítico para o sucesso. Não possuí-los é como jogar futebol sem traves; a dispersão e o conflito serão fatores emergentes nos jogadores.

> *O problema muitas vezes reside em ter muitos indicadores ou em não ter nenhum.*

Ao se definir um indicador é importante ter sabedoria para decidir também que números colocar.

Muitos líderes erram a mão e impõem metas muito além da capacidade das pessoas, e o inverso também acontece, quando se estabelecem metas que não representam um desafio.

Outro fator importante quanto aos números, indicadores e metas é o prazo.

Existem indicadores baseados em medições de curto prazo, as quais ajudam nas decisões operacionais mais urgentes da organização. Há também os indicadores de médio prazo, em que as medições vislumbram situações que exigem planejamento e providências que afetarão projetos e resultados num futuro próximo. Por fim, existem os indicadores de longo prazo, que exigem visão estratégica e prospectiva nas tomadas de decisão.

Há gestores que lidam com indicadores nessas três esferas de tempo, e outros não. Mas é certo que entender os prazos dos indicadores é parte crucial do desenvolvimento de pessoas no negócio.

Lembre-se de estabelecer apenas os indicadores valiosos.

Atividades essenciais

Essencial é tudo aquilo que impacta diretamente custo e lucro. Quando uma pessoa assume determinada função é fundamental que o líder trabalhe para o sucesso dela, e não que ela trabalhe para o sucesso dele.

Como construir o sucesso de alguém? Simples: mostre o caminho e deixe a pessoa caminhar. Mostrar o caminho é definir quais são as atividades essenciais – aquelas que, entre muitas, são as que garantem o resultado – em que ela deve centrar a atenção.

Quando se definem as atividades essenciais é crucial entender que a pessoa não vai fazer somente aquilo; ela terá imprevistos, atividades de outras naturezas que vão compor a rotina, mas é preciso garantir que ela foque as atividades essenciais e não as deixe para trás.

> *Essencial é tudo aquilo que impacta diretamente custo e lucro.*

O grande problema é que alguns líderes roubam o tempo dos seus funcionários. Como eles fazem isso? Agindo de modo que todos vivam em função deles: pedem coisas a toda hora, colocam urgência em tudo, pressionam por resultados, interrompem-lhes o trabalho repetidas vezes (pessoalmente ou por telefone, e-mails, mensagens etc.).

Você quer ter uma liderança fluida? Ajude as pessoas a ganhar tempo para que possam investi-lo em coisas relevantes. Se não estiver fazendo isso, que tipo de líder você é, então?

Autonomia

Pessoas responsáveis querem autonomia e assumem responsabilidades; pessoas infantilizadas querem autonomia e não desejam assumir responsabilidades. A liderança precisa estabelecer, em conjunto com a pessoa, o grau de autonomia que ela terá para preservar energia e tempo de ambas as partes. Nós costumamos classificar autonomia em três níveis:

- *Nível 1: nenhuma autonomia. Aplicável a funcionários que ainda não têm domínio técnico ou da cultura empresarial para assumir riscos e tomar decisões.*
- *Nível 2: autonomia parcial. A liderança deve explicitar em que situações a pessoa pode decidir pelo todo e em que casos ainda não pode e por quê.*
- *Nível 3: autonomia total. Aplica-se a pessoas de nível sênior e com domínio completo da função e da cultura empresarial, a ponto de assumir todos os riscos por suas decisões sem um* report *prévio a uma instância superior.*

Comportamentos essenciais

Cada função requer uma conduta específica que contribui para os resultados e os sustenta. Há comportamentos que são críticos para se obter sucesso profissional. Por exemplo: um contador precisa ser detalhista; um consultor precisa ser investigativo; um vendedor precisa ter energia positiva; um engenheiro precisa ser planejador; um gerente de RH precisa ter habilidades interpessoais; e assim por diante.

O aspecto essencial para se compor o eixo do mapa da performance é encontrar, no máximo, cinco comportamentos que garantam o resultado, em vez de se fazer, como já citado anteriormente, um levantamento de descrição de cargo.

Algumas organizações gostam de abrir um pouco mais esse item explorando conhecimento, habilidades e atitudes.

Faça o mapa da performance e lembre-se de sair da frente e não atrapalhar as pessoas após dar a direção. Quando se tem boas pessoas, devemos deixá-las trabalhar e produzir.

___ COMO DEFINIR METAS? ___

Muitos dos problemas ligados à frustração e desempenho têm a ver com o estabelecimento inadequado de um objetivo. Neste livro, vamos propor um método que tem se mostrado eficiente na consolidação da performance e na orientação pelos resultados. O método chama-se VALER.

VERIFICÁVEL – *Toda meta ou objetivo deve ser passível de conferência e medição.*

ATINGÍVEL – *Toda meta deve ser factível, pois, caso contrário, ela tirará todo o entusiasmo de uma pessoa.*

LIMITE DO TEMPO – *Para que um objetivo seja alcançado, a definição de um prazo é fator crucial. Só assim teremos parâmetros.*

ESPECÍFICA – *Uma meta deve ser baseada em números ou performance claramente esperados. Não pode gerar nenhum tipo de interpretação.*

RELEVANTE – *Um objetivo tem que ter valor e sentido para a organização e para a pessoa; caso contrário, é uma perda de tempo em termos de produtividade.*

__ A FORÇA DOS RITUAIS __

Tudo que é repetido é fixado, seja ruim ou bom. De igual forma, hábitos profissionais acabam por se tornar padrões comportamentais que afetam os resultados. Seres humanos são seres de hábitos. Uma vez definidos propósito, eixos, valores e mapa de performance, é fundamental encontrar os rituais de uma função.

Ritual é tudo que demanda um processo exato e repetitivo por força de uma condição motivacional interna ou externa.

Tribos têm rituais, religiões têm rituais de passagem e elevação espiritual, pessoas se casam em rituais, seguimos rituais todos os dias – como tomar banho de manhã, fazer o desjejum, escovar os dentes e arrumar-se para o trabalho.

De certa forma, vivemos num mundo ritualístico. As estações são rituais que influenciam a natureza, que, por sua vez, tem seus próprios rituais.

Para que funções sejam bem desempenhadas e pessoas assumam seus papéis e responsabilidades, é preciso estabelecer rituais de fluidez.

Um vendedor, por exemplo, precisa seguir um ritual que inclua, entre outras coisas, reservar tempo para prospecção, definir agenda semanal e marcar visitas, levantar informações estratégicas de suas contas.

Importante: a liderança precisa estar atenta e não permitir que a agenda de seus liderados seja tomada por rituais, bem como acompanhar de perto a definição e a execução dos rituais críticos de sucesso.

ESTABELECENDO A CULTURA DE RESPONSABILIDADE

Cultura organizacional é um reflexo do comportamento dos funcionários quando a liderança não está por perto.

A cultura é construída quando as pessoas "compram" o propósito da empresa e assumem seu papel por uma razão que lhes toca a alma. A base para se construir cultura envolve estabelecer conversas que alinhem os valores, os eixos (mapas de performance) e os rituais.

> *Cultura organizacional é um reflexo do comportamento dos funcionários quando a liderança não está por perto.*

Conversas de responsabilidade

Quando líderes têm tudo muito definido, é necessário "linkar" esse arcabouço à responsabilidade das pessoas. Responsabilidade não é medo; é clareza, direção e apoio.

O processo pelo qual os gestores conferem responsabilidade e autoridade a seus colaboradores para tomar decisões é conhecido como *ownership*.

A palavra *ownership* vem do inglês e significa algo como "o estado ou o ato de ser proprietário de algo", uma atitude ou senso de dono. De fato, no universo corporativo, *ownership* diz respeito à ação de atribuir poder e responsabilidades aos funcionários, com autoridade ou autonomia associadas, de modo que eles tenham liberdade para desempenhar seu mapa de performance e colecionar sucessos.

O processo da responsabilidade

Por que: explique o propósito e como ele se relaciona com a área específica de atuação, com a empresa no geral e com a cultura.

O que: explique a meta, o resultado esperado, atividades essenciais e autonomia.

Como: mostre rituais, eixos e valores esperados (comportamentos), e como isso é fundamental para o resultado.

> COMECE COM "POR QUE" ALGO É NECESSÁRIO
> EXPLIQUE "O QUE" PRECISA SER FEITO
> EXPLIQUE "COMO" PRECISA SER FEITO

O sucesso de um líder depende de uma boa conversa para se assegurar de que a pessoa está assumindo a responsabilidade, e não apenas recebendo uma ordem de forma obediente. Para ser efetivo na conversa, o líder deve ter expectativas e metas claras, o mapa da performance e o coração aberto. Em seguida, é necessário que ele defina os objetivos que precisam ser respeitados de acordo com cada funcionário. O propósito é que a pessoa assuma "naturalmente" o compromisso com seu trabalho e chame a responsabilidade para si.

Uma vez imbuída dessa responsabilidade, a pessoa terá condições de "ver", "analisar" e "agir". Não há melhor maneira de medir o engajamento de um funcionário do que constatar que ele está vendo as coisas certas e erradas e atuando sobre elas. Essa é a síntese evidente da responsabilização total de alguém.

> *O sucesso de um líder depende de uma boa conversa para se assegurar de que a pessoa está assumindo a responsabilidade.*

Veja a seguir como a liderança deve construir o mapa da performance, que é um eixo crítico para a base de uma cultura apoiada na experiência das pessoas.

NOVATOS SEM EXPERIÊNCIA
- *Líder faz o mapa,*
- *explica o mapa,*
- *levanta forças e fraquezas da pessoa,*
- *define seu papel como líder e como vai fazer o acompanhamento dessa pessoa.*

NOVATOS COM EXPERIÊNCIA
- *Líder faz o mapa junto com a pessoa,*
- *esclarece o mapa,*
- *levanta forças e fraquezas da pessoa,*
- *define seu papel como líder e como vai fazer o acompanhamento dessa pessoa.*

PESSOAS EXPERIENTES
- *Líder explica o mapa e pede que a pessoa o faça,*
- *alinha o mapa,*
- *levanta forças e fraquezas da pessoa,*
- *define seu papel como líder e como vai fazer o acompanhamento dessa pessoa.*

Ao final da conversa, confira três fatores de responsabilidade:

1. Está claro o que é esperado?
2. A pessoa passou segurança ao afirmar seu compromisso?
3. Está claro como ela será cobrada ou supervisionada?

A liderança de primeira onda é uma poderosa chave para construir responsabilidade e levar uma organização à estabilidade operacional.

___ RESUMO DO CAPÍTULO ___

Liderança fluida de primeira onda é construir responsabilidade.

A base da responsabilidade é a confiança da pessoa nela mesma e na liderança.

Uma cultura de responsabilidade é alcançada por meio da definição de propósito, valores, eixos e rituais.

Conversas de responsabilidade estão estruturadas em três premissas: por que, o que e como fazer algo.

Quando as pessoas assumem responsabilidade, elas "veem" as coisas, "analisam-nas" e "agem".

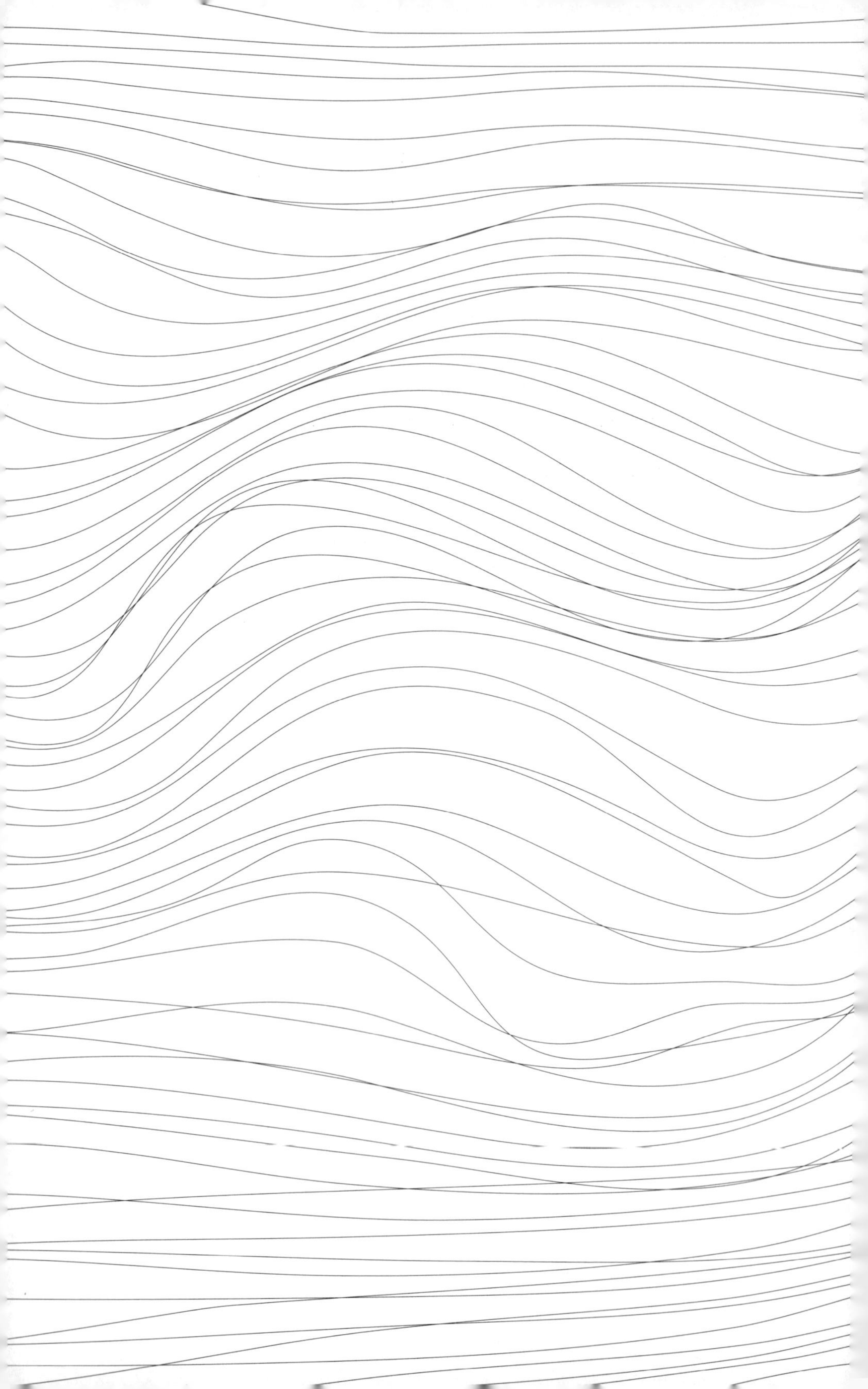

CAPÍTULO 4

SEGUNDA ONDA

SENSO DE ALTA PERFORMANCE

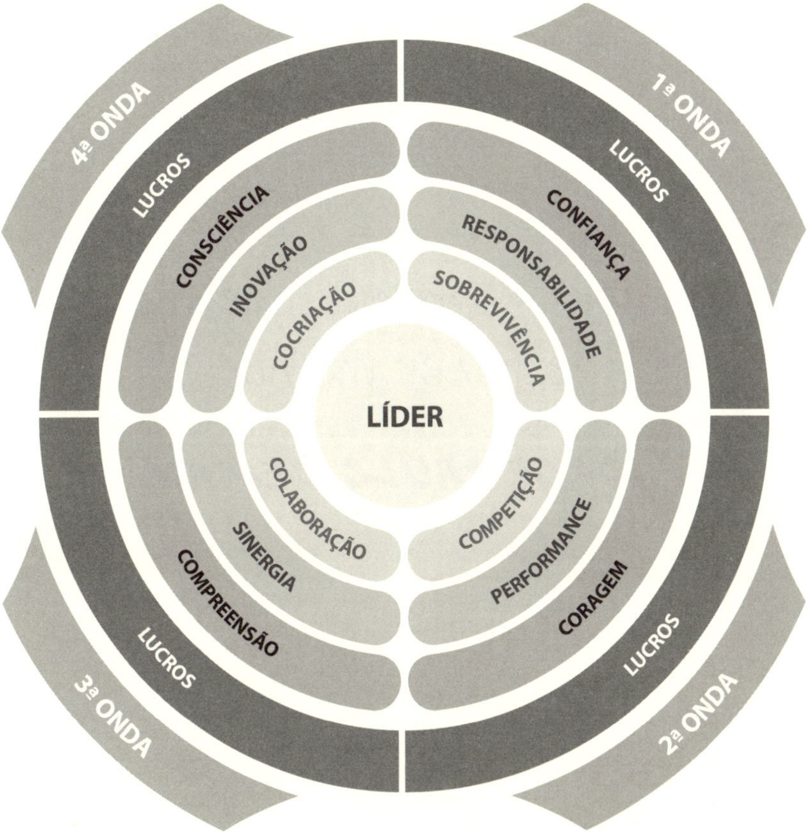
1ª ONDA
LUCROS
CONFIANÇA
RESPONSABILIDADE
SOBREVIVÊNCIA
2ª ONDA
LUCROS
CORAGEM
PERFORMANCE
COMPETIÇÃO
3ª ONDA
LUCROS
COMPREENSÃO
SINERGIA
COLABORAÇÃO
4ª ONDA
LUCROS
CONSCIÊNCIA
INOVAÇÃO
COCRIAÇÃO
LÍDER

Sempre tem um jeito
de fazer melhor.

JORGE PAULO LEMAN

Antes de iniciar o aprendizado sobre a liderança de segunda onda, responda a esta pesquisa sobre os desafios que se referem a este estágio.

Em média, qual o nível de performance do seu time?	Alto	Médio	Baixo	Nada
Há um senso natural de mais e melhor?	Alto	Médio	Baixo	Nada
Sua equipe tem coragem aflorada?	Alto	Médio	Baixo	Nada
As pessoas gostam de desafios propostos por você?	Alto	Médio	Baixo	Nada
As pessoas se autodesafiam?	Alto	Médio	Baixo	Nada
As pessoas aguentam forte pressão?	Alto	Médio	Baixo	Nada
A performance da equipe é consistente?	Alto	Médio	Baixo	Nada
As pessoas têm um senso de dono?	Alto	Médio	Baixo	Nada
As pessoas lidam e respondem bem a *feedbacks*?	Alto	Médio	Baixo	Nada
As pessoas gostam de sair da zona de conforto quando é necessário?	Alto	Médio	Baixo	Nada

__ O LADO SOMBRA DA SEGUNDA ONDA __

Desde a época de Descartes, o Ocidente tem acentuado a verdade racional. São amplamente aceitas as ideias de que a ciência e os processos científicos constituem, por excelência, a maneira de determinar a verdade, e que a inteligência racional e o pensamento lógico são as mais valiosas capacidades de que somos dotados. Dessa forma, adotou-se um padrão de lutar para vencer na vida, ganhar a vida, e o entendimento do trabalho como um meio de se ficar rico e ter poder. Por isso é comum percebermos profissionais vendo a si mesmos como separados uns dos outros e que precisam competir.

Consequentemente, vemos as organizações estruturadas em poder, hierarquia, controles, metas, punições e um ambiente nocivo e doentio de trabalho.

Segundo William Deming, pai da qualidade total, "temos como principal elemento de destruição empresarial o medo".

A economista Hazel Handerson[1] menciona que a competição galopante em que o mundo se transformou levou as pessoas a entenderem que somente lutando poderão ter êxito na vida.

---

1. *Building a win-win world*: life beyond global economic warfare. San Francisco: Berrett-Koehler, 1996.

A ansiedade, a pressão e o estresse provocados nas organizações em razão da busca do resultado alimentam a separatividade e a competição em diversos níveis.

Toda empresa deve manter certo nível de competitividade. O grande desafio é não permitir que a competição se volte para dentro e gere ambientes onde as pessoas se confrontam e se sabotam, em que departamentos trabalham apenas para entregar seus indicadores, pouco se importando com o todo, além de situações em que os próprios líderes receiam que seus funcionários mais talentosos se sobressaiam.

Toda essa disputa interna tira as condições naturais de se competir de forma saudável e estruturada em uma empresa. As grandes organizações tendem a sofrer mais desse mal quando a competição é velada, oculta.

Por que muitos líderes não atingem a performance máxima de forma consistente e saudável?

Essa é a pergunta que todo líder deveria se fazer. O que ocorre normalmente é a busca pelo resultado, pura e simplesmente. O "como" se chegou ao resultado e seu "impacto" dentro e fora da empresa não são fatores naturais de análise quando o objetivo é alcançado. Isso denota uma tendência de muitas pessoas em adotar um pensamento de curto prazo.

Sob vários aspectos, o pensamento de curto prazo é necessário e justificável, visto que mercados muito dinâmicos exigem respostas rápidas e decisões cruciais. O grande problema está em se orientar exclusivamente pelo curto prazo, não levando em conta as consequências futuras de toda e qualquer ação no presente.

Essa inclinação imediatista reflete inconsciência quanto aos desdobramentos do curto prazo.

Às vezes, a competição leva muitas pessoas ao pensamento de curto prazo.

Quando notamos que uma empresa está dominada pela competição não consciente, podemos identificar algumas consequências:

- **pensamento de curto prazo;**
  - *microgestão;*
- **radicalização;**
  - *conflitos;*
- **evolução predatória;**
  - *cinismo;*
- **jogos de poder;**
  - *estresse;*
- **depressão;**
  - *perda de talentos.*

Um dos grandes desafios da liderança fluida é saber construir um ambiente competitivo que reflita as aspirações naturais de crescimento evolutivo da organização e minimize os excessos mencionados.

Vejamos a seguir os dois fatores de atenção que um líder deve observar para não cair na armadilha negativa da segunda onda.

Risco 1: sistemas de fragmentação e luta

O século 17 foi a época de Galileu e Newton. Mas, em paralelo às descobertas científicas, coisas importantes estavam acontecendo nessa época, que engloba os últimos anos da Reforma e o ápice do puritanismo na Inglaterra. Esse período assistiu à primeira das revoluções liberais-democráticas que haveriam de remodelar muitos dos governos do mundo. Presenciou-se o surgimento das instituições e da filosofia capitalistas.

Entre os temas recorrentes do paradigma da era industrial moderna do Ocidente estão:

- *o método científico como suprema instância de investigação;*
- *o ilimitado progresso material como objetivo precípuo;*
- *a industrialização da produção de bens e serviços oriunda das progressivas subdivisão e compartimentalização do trabalho;*
- *a predominância de valores pragmáticos, como liberdade individual para satisfazer seus próprios interesses no mercado.*

Em *The transformations of man*[2], Lewis Munford resumiu vividamente a profunda mudança ocorrida quando da passagem do velho paradigma feudal para o paradigma da era industrial: "No prazo de uns poucos séculos, o centro do interesse deslocou-se do mundo interior para o exterior [...]".

A atual estrutura organizacional foi inteiramente construída e modelada com base no medo, no controle, no orgulho, na luta e na raiva. Quanto maiores os incentivos à luta, melhores os resultados.

Gritos de guerra e estímulo ao ódio aos concorrentes tornaram-se mantras organizacionais. Não raro, a motivação em si era a obsessão por acabar com a concorrência.

Certa vez, ouvi de um executivo: "Louis, tenho que trabalhar minha equipe para acabarmos com o concorrente, pois é isso que ele trabalha com a dele. Ou nós ou eles".

Sem dúvida, o mundo se tornou competitivo ao extremo, e negligenciar isso é colocar os negócios em risco. No entanto, cabe ressaltar a seguinte questão:

---

2. New York: Harper & Brothers, 1956.

Em que nível essa competitividade não está adentrando a empresa e construindo uma tensão negativa no ambiente?

É certo que esse quadro está mudando por diversos fatores, mas o modelo está ainda impregnado em muita gente que não consegue viver sem mandar, cobrar, ameaçar e punir.

As organizações pequenas e médias, além das públicas, são mais suscetíveis a essas práticas contínuas de punição e agressividade, uma vez que as grandes empresas possuem sistemas de aferição da qualidade do ambiente que impedem a proliferação desse comportamento.

O ponto mais importante e crítico é encontrarmos a dose certa de energia que não consuma a saúde das pessoas e preserve um legado ético e moral que sustente os resultados.

Risco 2: os psicopatas organizacionais

A compulsividade competitiva e os riscos organizacionais

John Pierrakos, em seu livro *Energética da essência*[3], menciona que *"o caráter agressivo é um padrão de luta"*. Segundo ele, o *"... então, eu vou ficar aqui..."* é seguido de "eu o destruirei, se tentar me tirar daqui...".

Muitas das organizações atuais, onde encontramos níveis elevados de competição interna, acabam por suscitar um ambiente de conflitos e perseguições em que os profissionais que se sentem ameaçados traçam planos para destruir a moral de outros.

A lógica de um mundo baseado em postulados de separatividade e condicionamentos sociais de sucesso a qualquer custo pode levar pessoas fragmentadas a nutrir uma obsessão por resultados, além de ver em qualquer obstáculo um inimigo potencial a ser destruído. Assim, classificamos esse padrão de comportamento fundamentado na lógica cartesiana/newtoniana, na normose e na psicose como um transtorno competitivo compulsivo.

Pessoas que têm transtorno competitivo compulsivo agem como psicopatas organizacionais. Possuem instinto de sobrevivência com base no "custe o que custar", a perseguição implacável de metas e autossuperação. Normalmente, essas pessoas têm alta performance, alto compromisso, são inteligentes e muito flexíveis. São pessoas que se motivam pelo desafio com foco direto na competição. Dinheiro ou poder as seduzem.

Psicopatas organizacionais estão sempre se autoprovocando, e só fazem um juízo de si próprios se em comparação com o outro. Ter um alvo para ser destruído é fonte motivacional para essas pessoas.

---

3. *Energética da essência (core energetics)*: desenvolvendo a capacidade de amar e de curar. 7 ed. São Paulo: Pensamento, 2011.

A natureza humana, quando tomada por esse transtorno, pode se transformar em predadora. Um profissional com esse perfil, quando destrói um competidor, não demora a buscar outra "presa", pois a motivação precisa se renovar.

> Pessoas que têm transtorno competitivo compulsivo agem como psicopatas organizacionais.

São perceptíveis, nas organizações, alguns comportamentos típicos de profissionais que sofrem desse transtorno, como:

- *perseguição de "oponentes" e destruição completa de sua imagem e competências;*
- *sabotagens em relação aos chefes;*
- *formação de panelinhas para destruir alguém;*
- *perseguições psicológicas;*
- *uso de dossiês de intimidação;*
- *indução de colegas ao erro;*
- *fomento de conflitos entre áreas e pessoas para enfraquecê-las;*
- *hipocrisia, fingimento e uso de boas relações humanas para obter vantagens;*
- *uso de técnicas de "como fazer amigos e influenciar pessoas" para construir aliados contra alguém;*
- *costume de elogiar uma pessoa em público e atacá-la pelas costas.*

Encontramos ambiente propício para psicopatas organizacionais em:

- **organizações hierarquizadas;**
- organizações que estimulam prêmios e comparações de performance entre os pares;
- **organizações públicas;**
- meios políticos;
- **organizações com mais de mil funcionários;**
- ambientes de poder e/ou muito dinheiro circulante.

Não é fácil lidar com um psicopata organizacional quando ele elege uma pessoa como alvo.

Por que eles buscam alvos? Porque isso lhes dá motivação.

Eles passam a ter um motivo para se levantar todos os dias e se superar. Normalmente, esse profissional se sente ameaçado por determinada pessoa e não vai desistir enquanto não a anular ou destruir sua moral. O psicopata, no fundo, é um indivíduo covarde que encontrou na competição sua forma de lidar com um mundo que o ameaça.

Durante anos um amigo trabalhou em uma multinacional como associado de um franqueado no interior do Rio Grande do Sul. Depois de um bom tempo, por discordar do franqueado, decidiu sair e fazer sua carreira solo. Outro associado desse franqueado tinha as características clássicas de um psicopata organizacional. Isso se revelou quando ele se tornou franqueado em outros Estados e depois conseguiu tomar a franquia do Rio Grande do Sul para si. Logo quando assumiu o negócio, ligou para meu amigo e lhe ofereceu a oportunidade de se associar novamente à empresa, agora gerida por ele. Meu amigo já havia se estabelecido, agradeceu e recusou a proposta. Isso foi suficiente para o homem transformar seu discurso gentil e generoso em um ataque visceral, dizendo que iria colocar uma tropa de choque na região e destruir quem quer que fosse. Meu amigo percebeu na hora que a decisão de não voltar era realmente a certa. De fato, algum tempo depois, o homem enviou parte de seu "exército" para acabar com os inimigos, mas não funcionou, pelo bem do meu amigo.

Psicopatas buscam motivos para brigar, para colidir com alguém, pois isso é tônico energético para eles. Diferentemente de pessoas que gostam de desafios para se superarem, os psicopatas precisam de pessoas a ser destruídas.

Características comuns em psicopatas organizacionais:

- *são flexíveis;*
- *são simpáticos, envolventes e sedutores;*
- *alguns são divertidos, enquanto outros são mais retraídos;*
- *são bons de conversa e superinfluenciadores;*
- *têm muita raiva reprimida e tendem a explodir algumas vezes;*
- *sabem "fazer amigos e influenciar pessoas" como ninguém;*
- *mentem;*
- *agem sempre baseado em interesses;*
- *sabem esperar para destruir alguém, pensam a longo prazo;*
- *são muito críticos em relação aos outros, principalmente de quem não gostam.*
- *falam pelas costas;*
- *são controladores;*
- *distorcem fatos;*
- *envenenam a mente das pessoas, jogando-as umas contra as outras;*

- *projetam seus defeitos no outro;*
- *são incansáveis;*
- *têm alta energia de trabalho;*
- *entregam resultados;*
- *são ultra-ambiciosos;*
- *conseguem modelar sua personalidade para se adaptar aos outros;*
- *são falsos humildes.*

Ao reconhecer um psicopata organizacional em sua vida, entenda que existe uma forma muito poderosa de se proteger desse padrão de comportamento: forme alianças de integridade.

Ao se alinhar com pessoas fortes e íntegras, você constrói um campo de força que funciona como um inibidor de ações que ataquem sua história e sua moral. Portanto, não use força reativa, e sim uma força consciente para lidar com isso.

___ COMO USAR UMA LIDERANÇA DE SEGUNDA ONDA POSITIVAMENTE ___

As cinco forças da competição

Para compreender o espírito da segunda onda, precisamos entender as forças primárias da competição. Michael Porter tem sido uma referência no universo corporativo desde 1979, quando elaborou sua teoria das Cinco Forças. Entender essas esferas do mercado reforça o fundamento da competição e onde ela se origina. O modelo criado pelo professor norte-americano elenca as cinco forças que atuam na competição entre empresas:

- *rivalidade entre concorrentes;*
- *poder de barganha dos fornecedores;*
- *ameaça de produtos substitutos;*
- *poder de barganha dos clientes;*
- *ameaça de novos entrantes.*

Performance é fundamental

Não adianta costurarmos as coisas sem um foco claro do que é esperado como resultado final. Desempenho ou performance é uma palavra-chave no mundo dos negócios.

Performance é um termo da língua inglesa que significa execução, desempenho, acabamento. Poderíamos dizer, então, que performance é o que esperamos ao final de uma atividade. Líderes não devem se deixar levar apenas pelas ideias, mas também pelo resultado esperado, ou seja, a performance é desejada.

Certamente, podemos entender que existem várias formas de se determinar uma performance. Empresas, muitas vezes, projetam prejuízos até que tenham estabelecido as condições para um pleno funcionamento de suas operações. O fato de não se ter resultado no curto prazo não significa necessariamente que não houve uma visão de performance, pois a constatação de que ela foi realizada em algum momento do projeto já caracteriza um movimento visionário.

> *Performance é um termo da língua inglesa que significa execução, desempenho, acabamento.*

Certa vez, houve uma conversa instigante entre Roberto Setubal, presidente do banco Itaú, e Marcel Telles, da AB InBev. Roberto perguntou a Marcel quais os elementos da cultura que eles criaram que tiveram impacto no sucesso de empresas como Ambev, Burger King e Heinz.

> *Marcel respondeu que se tivesse de definir numa única palavra, seria a cultura de ownership. Segundo ele, a direção quer que todo mundo se sinta dono, nos mais diferentes níveis. Dono pode ser o dono daquela máquina. Dono daquela área financeira. Daquele projeto. E dono da empresa também, por meio da sociedade. A característica mais importante é uma busca incessante pelas pessoas que funcionam bem nesse ambiente. A cultura é de alta performance e de alta demanda. Porque dono é dono. Dono acorda às cinco da manhã e só sai quando a padaria fecha. Então, tem de ter esse tipo de atitude aqui. E não é todo mundo que tem ou que gosta. É que nem esporte de alta performance. Tem alguns que querem. Outros, não. Os executivos de segundo e terceiro escalões têm uma autonomia muito grande. Dá-se liberdade de um lado, mas responsabilidade do outro. Cada um tem um compromisso importante, fundamental até para sua avaliação, que é a formação de gente. O executivo precisa mostrar que está formando gente que pode ser melhor do que ele. Até para que ele suba. Isso é como a empresa olha essa pessoa.*

___ AS CINCO BUSCAS ORGANIZACIONAIS ___

Quando falamos em desempenho, há de se considerar o propósito do desempenho. Organizações têm fluxo a partir de lógicas existenciais nas suas finalidades. Vejamos as cinco buscas organizacionais existenciais.

1. Ganhar dinheiro

Buscar continuamente formas de ganhar dinheiro ou mesmo poupar sem sacrificar produtos, serviços e a imagem da organização é fator crítico para toda e qualquer empresa de sucesso. Baixar custos e incrementar vendas é uma fórmula básica, mas às vezes esquecida no emaranhado organizacional. Qualquer esforço nesse sentido é sempre percebido positivamente.

2. Poupar tempo

Se existe um recurso que talvez seja um dos mais escassos em uma organização é o tempo. Buscar racionalizar processos, eliminar atividades supérfluas e reduzir o tempo de resposta aos problemas e decisões torna qualquer ação de alto valor.

3. Melhorar a qualidade

Nos mercados em geral, a velocidade das mudanças é acentuada. Todo e qualquer esforço por melhorias na qualidade de produtos e serviços é sempre relevante. O aprimoramento da qualidade pode se dar também na relação com a sociedade/comunidade. Uma empresa que promete e entrega não faz isso sem um mínimo de padrão de qualidade em seus processos, pessoas e ofertas.

4. Aumentar a participação de mercado

Aumentar a lista de clientes e/ou penetrar em contas com mais serviços e produtos traz impacto imediato em qualquer organização.

5. Melhorar a imagem da marca

Quase tudo que uma organização produz ou realiza se reflete em sua imagem institucional ou na de seus produtos perante o público. Cada dia mais, a imagem é um fator crítico de sucesso.

___ COMO CRIAR UMA CULTURA DE DESEMPENHO ___

Quando falamos de desempenho é necessário entender que toda organização aspira a firmar pensamentos e comportamentos que sejam o DNA de seu pessoal.

A cultura de desempenho envolve criar ambientes onde as pessoas queiram ir além do usual por automotivação. Claro que construir esse ambiente não é uma tarefa fácil, mas veremos em seguida alguns elementos críticos do sucesso na construção de uma cultura de desempenho.

Voltemos ao propósito transformador massivo. Quando uma organização tem muito claro o motivo pelo qual ela existe, suas metas são natural e legitimamente ambiciosas. As metas e o esforço fazem sentido. Este é o novo mundo em que viveremos por décadas: a justificativa do empenho.

Mapear a realidade e enxergá-la de forma nua e crua

É comum encontrar líderes ambiciosos que querem resultados com rapidez. Muitas vezes, o curto prazo sacrifica o longo prazo. A ânsia por querer ver os números nos patamares desejados leva a uma miopia de realidade. Saber ler cenários e realidades coloca um líder na condição vantajosa de saber o tempo certo das coisas. Quando falamos de desempenho, é preciso tratar de realidades sobre pessoas e situações. Nem sempre se encontram as pessoas certas, com as atitudes certas e nas condições certas. O fundamento crítico do sucesso de uma cultura de desempenho é fazer a leitura correta da realidade, sem paixões.

> *Muitas vezes, o curto prazo sacrifica o longo prazo.*

Classificar o estágio das pessoas em relação à performance

Existem muitas formas e processos de mapeamento de performance. Não abordaremos todos eles neste livro, mas focaremos a elaboração de um mapa funcional. O que é mais importante em uma cultura de desempenho quando falamos de pessoas? Saber em que nível elas estão com base nos parâmetros e indicadores estabelecidos.

Costumo enxergar quatro estágios de desempenho:

- *não performam;*
- *baixa performance;*
- *média performance;*
- *alta performance.*

Exceto a ausência de performance, que certamente não faz uma pessoa durar muito tempo em uma empresa, vamos entender as correlações a seguir:

BAIXA PERFORMANCE	MÉDIA PERFORMANCE	ALTA PERFORMANCE
Acomodadas	Comprometidas	Inovadoras
Cheias de desculpas	Responsáveis	Têm alta energia
Fazem picuinhas	Seguem o senso comum	Gostam de desafios
Apoiam-se em amizades	Pouco ambiciosas	Vão além
Satisfeitas	Satisfeitas	Insatisfeitas
DESENGAJADAS	**ENVOLVIDAS**	**ENGAJADAS**

O papel do líder é elevar progressivamente as pessoas de um estágio de performance para outro.

Baixa performance

Há muitas razões para uma pessoa estar em baixa performance, mas entenda que "baixa" significa oscilação de resultados. Essas pessoas precisam se mover a partir de uma ação da liderança.

Média performance

Pessoas de média performance interessam às organizações porque são comprometidas e estáveis. O erro de alguns líderes é tentar mover todos os colaboradores de média performance para a alta performance. Isso nem sempre é possível. Há pessoas que não querem e não vão ser de alta performance. Elas dão sustentação a trabalhos e rotinas, entregam os resultados delas esperados e fazem o que deve ser feito. Algumas têm potencial para ir um nível acima, outras não. Costumo comparar essa situação com um time de futebol em que há bons jogadores que jamais serão craques, mas são fundamentais para o bom desempenho da equipe.

Alta performance

Pessoas de alta performance são campeãs naturais, entregam resultados acima da média, mas convém analisar se estão se comportando de acordo com os valores da empresa. Essas pessoas dão trabalho, exigem, vão além e são movidas a desafios.

O papel do líder é
dar a cada pessoa o
tratamento e a direção
mais apropriados ao seu
estágio de desempenho.

O que fazer e o que não fazer para se relacionar com cada um dos *performers* de modo positivo e saudável? O quadro a seguir contém sugestões colhidas das práticas de sucesso de alguns líderes que experimentaram nossos processos e metodologias da liderança fluida.

	O que fazer	O que não fazer
Alta performance	Lançar novos desafios	Pressionar para se fazer mais
	Fortalecer as virtudes	Desestabilizar com críticas
	Mostrar oportunidades de melhoria	Encantar-se com o resultado
	Apontar novos comportamentos esperados	Definir tudo pelo outro
	Autonomia em conjunto	Restringir autonomias
	O que fazer	**O que não fazer**
Média performance	Criar uma visão mais ambiciosa	Aceitar a performance
	Analisar oportunidades de melhoria	Apontar críticas
	Validar comportamentos saudáveis	Cobrar mais performance, por cobrar
	Conferir autonomia	Comparar com outros
	Atribuir responsabilidades com critério	Colocar medo
	O que fazer	**O que não fazer**
Baixa performance	Conversa diretiva e tirar da zona de conforto	Ameaçar sequencialmente
	Definir autonomias, limites, responsabilidades	Pressionar por desempenho inatingível
	Estimular o comprometimento	Deixar de lado
	Demonstrar insatisfação com respeito	Demitir sem dar ao menos uma chance
	Mostrar os riscos futuros	Impor o mapa da performance

A construção de uma cultura de performance

A construção de uma cultura envolve sempre dois fatores: externo e interno.

O fator externo refere-se a elementos visuais e sensoriais, recursos, ambiente, rituais e condições que afetam as pessoas. Por exemplo, se um gestor quer um grupo ativo e envolvido que responda rápido a determinadas demandas, é necessário observar se os membros dispõem de recursos materiais e tecnológicos, se existem reuniões contínuas e estruturadas de direção e *follow-up*, se o ambiente físico propicia respostas comportamentais positivas etc.

Quando uma pessoa entra em um banheiro totalmente limpo e cheiroso, há uma tendência de se preservar o local como está. Se o banheiro está sujo, o próprio ambiente é um convite para que seja mantido assim. Por isso, quando falamos de cultura de performance, fatores externos são considerados os influenciadores de uma resposta comportamental. Ter quadros de performance, relatórios simples, coloridos, mapas que representem os movimentos de cada colaborador, entre outros elementos, são fatores que mexem com o íntimo de cada um. As pessoas sentem um ambiente e reagem a ele.

Por outro lado, existe o fator interno, ou seja, aquele que afeta a pessoa de dentro para fora e desperta uma vontade de ir além. É certo que existem pessoas que não precisam desse estímulo, pois já são voltadas para um comportamento de alta performance, mas nem todo mundo é assim, e a liderança de segunda onda precisa ser habilidosa para mover, respeitosamente, cada liderado ao seu desempenho máximo.

O movimento de ondas formado na superfície de um lago quando se atira uma pedra na água traduz bem o que queremos neste ponto. Uma cultura interna de alta performance deve ser desencadeada de dentro para fora, envolvendo primeiro as pessoas diretamente mais próximas da liderança para depois atingir as demais em camadas propagativas. São camadas de influência.

Comece com uma pessoa ou pessoas estratégicas, depois vá para outras e assim sucessivamente. É uma construção de alianças gradativa cuja velocidade depende de contextos e níveis de senioridade das pessoas.

Lembre-se de que as camadas de influência se sobrepõem e se fortalecem.

Como levar as pessoas para um nível acima?

Modelo da liderança de segunda onda

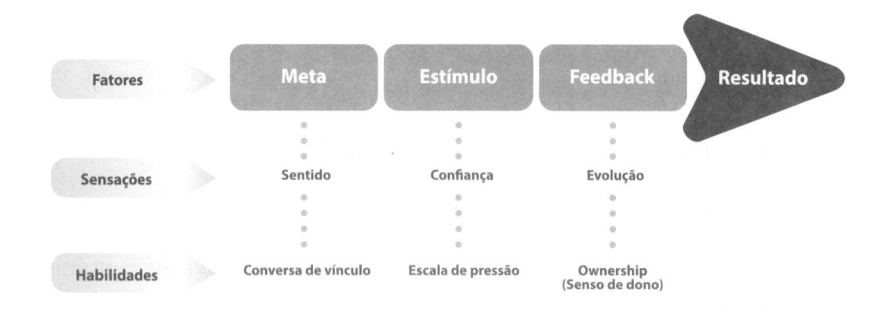

Fatores	Meta	Estímulo	Feedback	Resultado
Sensações	Sentido	Confiança	Evolução	
Habilidades	Conversa de vínculo	Escala de pressão	Ownership (Senso de dono)	

No gráfico acima podemos ver um modelo de engajamento para uma cultura de performance.

Existem três fatores simples que geram performance:

1. Ter metas é ter condições de dirigir e medir.

2. Toda pessoa precisa de estímulo para chegar a uma meta.

3. Ao caminhar em direção a uma meta, a pessoa precisa receber feedbacks para fortalecer seu poder.

Esses três fatores geram três sensações que precisam ser inflamadas:

- *As coisas precisam fazer sentido.*
- *A confiança facilita o diálogo e a aceitação de pressão.*
- *As pessoas precisam sentir que estão evoluindo.*

Ter metas e indicadores é fator essencial de uma boa gestão. A questão aqui colocada, porém, envolve fazer um profissional ir além da meta. Para que uma pessoa possa aderir a uma meta que ultrapasse o que ela supõe ser seu limite, esse objetivo deve lhe fazer sentido em um nível mais profundo. A meta deve cobrir os interesses da organização e os interesses pessoais. Quando despertamos esse desejo, fica mais fácil engajar alguém em algo mais desafiante.

> *Ter metas e indicadores é fator essencial de uma boa gestão.*

___ O FATOR META ___

Sem meta as pessoas não potencializam suas habilidades. Quando falamos em cultura de desempenho, o grande papel do líder é ajudar uma pessoa a expandir sua visão, ou seja, a conseguir enxergar além. Por isso, uma forma de ativar o melhor de alguém é levar essa pessoa a fazer algo que ela não acreditava ser capaz. Decerto existem pessoas que têm uma natureza autodesafiadora e vivem em um grau de autoexigência de desempenho elevado. O papel do líder, nesse caso, é apoiá-las e não as atrapalhar. No entanto, nem sempre a liderança tem em sua equipe um quadro de pessoas com esse perfil, o que exige uma articulação metodológica que facilite ao líder ajudar na evolução das pessoas quanto ao desempenho. Para isso, o primeiro passo é estabelecer um fator de ancoragem para o futuro.

Vamos chamar tudo isso de metas desafiadoras.

Pessoas precisam de metas desafiadoras para ir além. Quando uma organização não consegue realizar algo que poderia fazer, outra empresa vem e faz. É nesse momento que alguns líderes descobrem que era possível ter ido além. Mas lembre-se de que antes de definir uma meta desafiadora para alguém, é preciso analisar primeiro se o profissional está batendo sua meta periódica.

Quando um líder se propõe a elevar o desempenho de uma equipe porque pesquisou e descobriu que estavam reunidos os elementos e indicadores que sustentariam tal ação, ele precisará despertar esse desejo em seus liderados. Líderes de segunda onda pela polaridade positiva estão continuamente investigando condições e espaços para uma melhor produtividade por meio de pessoas e processos. O primeiro passo é analisar perfis e focar uma pessoa que traga respostas além das que ela oferece. Mas, para isso, é necessário algo crítico e fundamental de que muitos se esquecem: a vontade dela.

> *Pessoas precisam de metas desafiadoras para ir além.*

Pessoas têm vontades, anseios e sonhos. Por outro lado, as organizações também têm seus interesses. O desafio da liderança é construir uma aliança de expectativas. A união de interesses cria as condições essenciais para uma pessoa sustentar e superar sua realidade em prol de uma meta desafiadora. Nem sempre um funcionário consegue construir uma lógica saudável para sua própria produtividade e carreira.

Saber construir sentido, o "por que" fazer um esforço extra e se desenvolver, é crítico para o "engajamento" de um funcionário em uma meta desafiadora.

> *O desafio da liderança é construir uma aliança de expectativas.*

Para ser efetiva em encontrar uma meta que faça sentido para a organização e para as pessoas, a liderança precisa antes de mais nada conhecer muito bem as motivações e valores de seus colaboradores.

Meta desafiadora → ← **Vontades/Sonhos /Anseios**

Interesse organizacional — **Unir interesses** — **Interesse individual**

O que é uma meta desafiadora?

É uma meta cujo cumprimento representa um desafio de superação e um novo marco.

Qual o seu significado?

É necessariamente uma quebra de paradigma, a concretização de algo antes considerado impossível.

Como estabelecer uma meta desafiadora?

Analise com cuidado e atenção todos os mapas da pessoa, seu plano de carreira, dados e informações sobre suas competências e *gaps* registrados. Encontre, na plataforma da função exercida ou mesmo para futuras promoções, um foco de esforço possível que pedirá um empenho acima do normal. Essa meta deve produzir uma sensação de alta confiança e efetividade em sua realização.

Portanto, essa meta deve fazer muito sentido para o profissional desafiado, indo ao encontro de interesses pessoais e organizacionais.

Alguns exemplos de vontades, sonhos ou anseios no universo empresarial

- *Ser reconhecido por alguma habilidade ou comportamento.*
- *Ser respeitado por uma pessoa ou por um grupo.*
- *Superar uma dificuldade pessoal que represente valor.*
- *Eliminar um gap de performance.*
- *Realizar algo que ninguém fez.*
- *Destacar-se para provar valor.*
- *Ganhar confiança.*
- *Preparar-se para uma promoção.*

- *Mostrar capacidade para uma transferência ou mudança.*
- *Encontrar satisfação pessoal na superação dos próprios limites.*
- *Superar uma postura que afete negativamente o desempenho profissional, e mesmo a vida pessoal.*
- *Dominar um leque mais amplo de assuntos.*
- *Ter uma visão mais abrangente do negócio e do mercado.*
- *Ter acesso a informações restritas.*
- *Construir relações mais estratégicas e importantes.*
- *Subir mais um degrau na escala de competências.*
- *Melhorar a imagem pessoal.*
- *Melhorar o* rating *em comitês de carreira.*
- *Estreitar relações profissionais.*
- *Adquirir uma nova habilidade.*

Uma vez encontrada a meta desafiadora, é necessário construir um vínculo da pessoa com a meta, e para isso apresentamos uma ferramenta chamada "conversa de vínculo".

Conversa de vínculo é um bate-papo orientado no qual a liderança ajuda o funcionário a perceber oportunidades e ganhos em se atingir determinada meta, e também as dificuldades que podem surgir, mas ressaltando o potencial dessa pessoa para superar esses obstáculos. Ao antecipar eventuais dificuldades – que ocasionalmente envolvem questões externas ou internas (da própria pessoa) –, a liderança elimina o risco de, lá na frente, ouvir desculpas para o não cumprimento dos objetivos propostos. Ao mesmo tempo, a liderança deve mostrar ao profissional que ele tem potencial para a realização do trabalho, com base em evidências de algo que ele já fez antes.

Vejamos uma figura que ilustra esse modelo.

Membro da equipe

Interesse organizacional

Meta / Desafio / Superação

Aumentar o número de visitas

Interesse pessoal

Vontades / Sonhos / Anseios

Vai ser ótimo, pois aumenta suas chances de aprimorar a organização pessoal, o que irá ajudar no exercício do cargo que está vago no centro comunitário

Barreiras (interna / externa)

1 - Clientes que desmarcam em cima da hora
2 - Ser mais objetivo nas visitas para sobrar mais tempo

Potencial
(O que a pessoa tem para superar tudo)

1 - Você é uma pessoa querida e fica mais fácil ser firme
2 - Você é organizado nas reuniões, faça o mesmo nas agendas

Passos para uma conversa de vínculo:

- *Foco* – Identifique alguém que precisa se engajar em alta performance.
- *Meta* – Mostre que existe a necessidade de alta performance.
- *Vontades/Sonhos/Anseios* – Relacione a meta aos anseios da pessoa.
- *Barreiras* – Deixe claro que você conhece o que pode impedir o bom desempenho.
- *Potencial* – Reconheça honestamente a capacidade que a pessoa tem para superar as barreiras.

__ O FATOR ESTÍMULO __

Você já observou o comportamento dos pais de um bebê que está prestes a dar os primeiros passos? Quando a criança tenta ficar em pé e cai, não há recriminações, ninguém a repreende, e na hora em que ela se levanta e desajeitadamente vai dando os primeiros passinhos, as palavras são de incentivo, as pessoas falam "isso, muito bem!", "de pé, anda aqui pro papai". E com isso a criança vai se sentindo estimulada até que começa a andar.

Se fizermos um paralelo, vamos perceber que isso tem muito a nos ensinar sobre como lidar com pessoas. Nós muitas vezes não temos o mesmo padrão de comportamento quando uma pessoa erra, como se isso fosse uma calamidade. Os erros são inevitáveis, na maioria das vezes. Sermos incentivadores das pessoas para que elas superem as suas dificuldades é muito mais estimulante do que sermos punidores. Tem gente que raciocina apenas em cima de punição, e quem age assim só vai encontrar erros para punir. Se a sua ferramenta for um martelo, tudo que aparecer na sua frente será prego.

Então, estimule cada pessoa para que ela possa crescer; reconheça os primeiros passos que ela der, os primeiros acertos que ela tiver, porque à medida que você estimula as pessoas, elas crescem com bem mais acertos do que erros. As pessoas aprendem com os erros, mas elas crescem acertando.

Considere isso e tenha em mente o que nós fazíamos com nossas crianças quando davam os primeiros passos. Metaforicamente, muitas vezes os nossos colaboradores são também as nossas crianças.

__ PRESSÃO E RESULTADOS __

Em ambientes corporativos e organizacionais resultados são geralmente inegociáveis. Uma empresa, uma área, seja qual for o conjunto de pessoas dedicado a algo, necessita de resultados. Certamente, indicadores são negociáveis, mas o resultado geral em si não. Pessoas que assumem cargos de liderança não são contratadas para ser queridas e boazinhas. São contratadas para gerar resultado. Nada se sustenta sem resultado. É bem provável que você conheça um desempregado, mas dificilmente um "desempresário", pois quando a empresa quebra, ele se torna um falido. Portanto, resultado é imprescindível. E já que o resultado é parte crítica da liderança, cabe entendermos o porquê.

Certa vez, em um seminário em Vitória, onde discutíamos sobre a origem dos movimentos que ocorrem em uma empresa, um dos líderes de uma importante siderúrgica me perguntou: "De onde vem essa fome por resultados?". Eu lhe disse: "Do mercado". O mercado é o reflexo das mudanças nos hábitos e anseios das pessoas, que, por conseguinte, são consumidores. Esses consumidores fazem escolhas e podem elevar ou destruir uma empresa. O mercado cria, então, uma pressão em cima dos acionistas ou do conselho da empresa. Essa pressão é repassada para o CEO, que a transfere para a linha abaixo e assim sucessivamente até a linha de frente. Nesse sentido, a busca por resultados cria uma pressão em escala que perpassa toda a estrutura organizacional. Onde está o risco na pressão por resultados? Na dose.

O ser humano sem um tanto de pressão pode cair em uma zona de conforto e não criar nada, ou mesmo não produzir em um nível maior desejado. Sendo assim, podemos considerar a pressão algo natural, implícito e necessário para o desenvolvimento de pessoas e a geração de resultados organizacionais.

> *É bem provável que você conheça um desempregado, mas dificilmente um "desempresário".*

O problema reside na dose, ou na intensidade da pressão empregada. Quando falamos de escala de pressão, suspeita-se que um CEO tenha mais capacidade de absorver a pressão de um conselho do que um funcionário de linha de frente. O desafio está na escala de pressão aplicada *versus* pessoa/tempo.

Segundo Gary Hamel, um dos pensadores de negócios mais influentes do mundo, toda organização é formada por quatro tipos diferentes de modelos, como se fossem latas empilhadas umas sobre as outras.

- *Na base está o sistema operacional, as atividades que as pessoas realizam todos os dias. Sobre o sistema operacional está o conjunto de premissas da empresa sobre quem é o cliente, para quem vendemos, de que forma estabelecemos preços e criamos valor, quem são os competidores, o chamado modelo de negócio.*
- *Sobre o modelo de negócio, as decisões estratégicas-chave tomadas pela empresa sobre seu negócio e sobre como atende seus clientes.*
- *Depois disso estão todos os modelos mentais, crenças e premissas sobre os fatores críticos de sucesso e vantagem competitiva no ramo.*
- *Finalmente, no topo, está o modelo político, que tem o poder de impor modelos mentais e definir viabilidade de ideias.*

Normalmente, quando esses modelos se alinham bem, as empresas obtêm êxito se a dose de pressão for bem distribuída. Mas se o alinhamento é parcial, pode destruir o sucesso. Muitas vezes a organização define seu modelo de negócio no paradigma da velha economia, em que escala, reprodução, controle e hierarquia representam a ordem. Embora esses elementos ainda sejam importantes, eles se tornam menos importantes a cada dia. Em um mundo repleto de mudanças radicais é preciso mais do que alinhamento, controle e hierarquia. É preciso haver experimentação, imaginação e criatividade. E, para isso, a dose de pressão, mais uma vez, é um fator crítico para o sucesso.

Nos modelos de gestão antigos, é comum vermos gestores produzirem resultados na base da ameaça e do medo (um meio de impor pressão). Hoje a competição acontece entre modelos de negócio. Isso significa que não podemos focar toda energia no nível operacional. Para inovar nos modelos de negócio, é necessário desafiar modelos mentais.

Grandes empresas que fracassam têm um modelo político autoritário, repetindo padrões. Novas ideias e iniciativas devem poder vir de qualquer parte, não exclusivamente da alta administração, que fica livre também para observar o surgimento de novas estratégias empresariais. Quando as pessoas mais talentosas seguem entusiasmadas em direção a oportunidades específicas, é mais fácil identificar como otimizar o capital.

No entanto, quando descobrimos, pelas entrevistas de desligamento, que profissionais ainda estão se demitindo porque não suportam seus gestores, é hora de rever os meios pelos quais os resultados são obtidos.

> *Para inovar nos modelos de negócio, é necessário desafiar modelos mentais.*

___ O FUNIL DA PRESSÃO ___

Uma vez que a meta esteja estabelecida e verdadeiramente aceita pelo funcionário, é importante entender que "pessoas" são instáveis e têm altos e baixos. Portanto, não é papel da liderança simplesmente fazer a conversa de vínculo e sumir do mapa. A partir de agora o processo envolve outro fator importante de resultado na segunda onda: acompanhamento.

Existem apenas duas situações para a liderança atuar nesse caso: se o profissional está fazendo as coisas certas em direção à meta e se não está.

O que fazer quando a pessoa se desvia e não atua em prol do que deveria ser atingido?

Quando analisamos um desvio, há a necessidade de usar algum tipo de energia a fim de redirecionar a ação para o rumo certo. A essa energia damos o nome de pressão.

No mundo em que vivemos, todas as coisas estão sujeitas a algum nível de pressão. A natureza exerce pressão sobre o planeta, os ventos pressionam, os animais têm fome e seus corpos os pressionam. O mesmo ocorre com as organizações; na busca por resultados, elas sofrem constante pressão do mercado sobre seus acionistas, uma energia de movimento constante que perpassa todos os níveis da empresa.

Nas organizações há dois tipos de pressão. A pressão em forma de funil aberto, cujos níveis mais elevados atingem primeiro a alta gestão e vão descendo de forma ponderada para as frentes de trabalho. O outro tipo de pressão é representado na forma de funil fechado, em que a alta gestão aumenta a pressão para baixo e os níveis inferiores replicam esse modelo, impondo uma pressão intensa nas linhas de frente.

A figura a seguir ilustra esses dois movimentos.

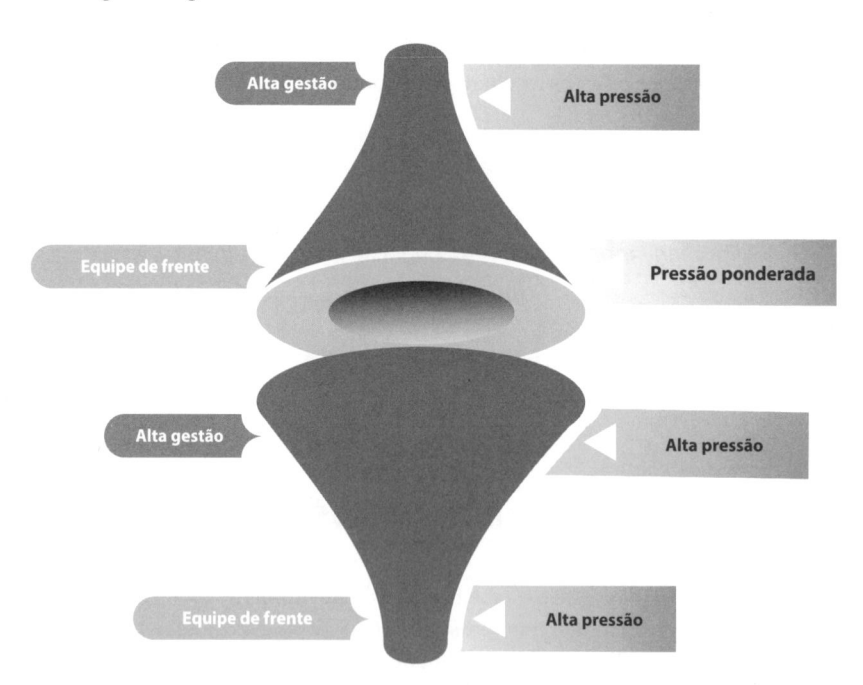

Nota-se que quanto mais elevado o nível hierárquico, maior deve ser a resiliência do profissional para que possa sustentar as pressões e distribuí-las, conscienciosamente, em doses adequadas para pessoas e ambiente.

Assim, identificamos um modelo mental que ajuda na construção de um entendimento sobre como aplicar pressão de forma apropriada no ambiente corporativo.

Esse modelo envolve a análise de três fatores:

1. impacto na organização;

2. resiliência pessoal;

3. frequência.

Em um mundo sem tempo e baseado na velocidade de resposta, ter um alinhamento com a pessoa que precisa se desenvolver cria a confiança necessária para o aprendizado. Normalmente, o que é combinado não sai caro. Nas relações humanas, precisamos ter um estreito alinhamento quanto ao modo como vamos trabalhar no desenvolvimento da performance de alguém. Muitas pessoas em situação de busca pela alta performance travam. O papel do líder envolve medir a dosagem certa de pressão conforme a pessoa e a situação.

> *O que é combinado não sai caro.*

Veja a seguir o quadro sobre a escala de pressão, que reflete a relação entre impacto no negócio e resiliência pessoal.

Trava	Impacto no negócio	Resiliência da pessoa	Frequência da ocorrência
Comportamento	Alto	Alta	Sempre
Técnico	Médio	Média	De vez em quando
Processo			
Contexto	Baixo	Baixa	Raramente

Quando falamos de pressão, a escala envolve fazer antes as equações para depois definir a melhor maneira de aplicar a pressão. Eis alguns exemplos:

Situação 1: alto impacto no negócio + resiliência alta + sempre = alta pressão.
Situação 2: alto impacto no negócio + resiliência baixa + de vez em quando = média pressão.

Situação 3: baixo impacto no negócio + alta resiliência + raramente = baixa pressão.

Podemos notar que cada situação e equação nos leva a determinado tipo de pressão.
Vejamos algumas possibilidades de se usar a pressão pela segunda onda nas polaridades positiva ou negativa.

PRESSÃO POSITIVA PARA TRAZER A PESSOA DE VOLTA À META
- *Acompanhar com intervalos de tempo mais curtos.*
- *Fazer perguntas para levar a pessoa a pensar.*
- *Aumentar a frequência de conversas.*
- *Pedir relatórios e documentá-los.*
- *Designar a pessoa para assumir alguma representação em um comitê ou reunião.*
- *Tornar pública a responsabilidade com a meta.*
- *Comunicar a meta da pessoa para várias outras.*
- *Vincular prêmios.*
- *Usar de franqueza com respeito.*
- *Colocar números à vista.*

PRESSÃO NEGATIVA PARA TRAZER A PESSOA DE VOLTA À META
- *Ameaçar.*
- *Colocar a pessoa em situação de humilhação pública.*
- *Retirar algum benefício.*
- *Retirar algum poder.*
- *Comparar com outros de forma depreciativa.*
- *Levantar a voz.*
- *Fazer caras e bocas de desdém.*
- *Valer-se de gozações e piadinhas.*
- *Provocar ou lançar pequenos insultos.*
- *Fazer chantagens.*

Lideranças com resiliência alta tendem a usar pressão positiva, e com resiliência baixa, pressão negativa.

O propósito da pressão é trazer a pessoa de volta à energia de realização de uma meta desafiadora. Saber usar a escala de pressão na dose certa pode fazer uma pessoa alavancar seus resultados e ainda se sentir muito grata à liderança por ter atingido a meta. Por isso, a escala de pressão é um modelo crucial para o desempenho da liderança.

___ EMPODERAMENTO ___

Quando identificamos uma pessoa engajada com a meta e percebemos claramente que ela vai conseguir fazer algo que nunca fez, é crítico e essencial o estímulo para mantê-la no rumo certo. Para que a liderança seja efetiva nesse momento é necessário aplicar o empoderamento.

O que vem a ser empoderamento nessa situação? É a capacidade do líder para enxergar qualidades associadas às ações que reforcem o poder de realização de uma pessoa.

Como a liderança pode empoderar alguém?

O primeiro passo é constatar o que a pessoa está fazendo de certo. Dentre essas ações, qual delas mostra maior relevância e destaque? Em uma palavra, defina a qualidade encontrada que traduz essa força e veja que fato ou evidência comprova o que está sendo observado.

MODELO DO EMPODERAMENTO
- *Atributo essencial (detecte uma qualidade que resuma o poder de ação da pessoa).*
- *Evidência (comprove que a pessoa está realmente fazendo a coisa certa, valendo-se de algum documento, fato, relato etc.).*
- *Inspiração (mostre que se ela continuar assim, a meta desafiadora será alcançada).*

Seja capaz de ver, até nas mínimas atitudes, o alto impacto atual e futuro.

A grande falha que líderes cometem é direcionar e não acompanhar. Toda execução depende de um sistemático método de acompanhamento. Quando esse procedimento existe, os funcionários se sentem amparados, percebem que estão sendo observados e é uma grande oportunidade para um ajuste de rota.

> *Seja capaz de ver, até nas mínimas atitudes, o alto impacto atual e futuro.*

Para que o acompanhamento ocorra a contento, observe os seguintes passos:

- *Rever o que foi combinado.*
- *Conferir números ou outro indicador.*
- **Ownership** *positivo – empoderamento.*
- **Ownership** *negativo – estímulo/pressão.*

___ A FORÇA DO *FEEDBACK* NA SEGUNDA ONDA ___

Quando estamos construindo uma cultura de alta performance, o *feedback* é crítico e fundamental. Vejamos como oferecer um *feedback* construtivo.

- *Certifique-se de que a intenção do* feedback *é ajudar. Perceba se você não está com raiva nesse momento e quer apenas descontá-la na pessoa.*
- *Mantenha seus relacionamentos profissionais fortes e amigáveis, de forma que as outras pessoas estejam abertas às suas orientações.*
- *Resolva qualquer situação tão logo ela surja.*
- *Seja exemplo e aja conforme você acredita que ela gostaria que agisse com ela.*
- *Não exponha a pessoa.*
- *Foque o fato, a atitude, não a pessoa.*
- *Faça perguntas para entender o ponto de vista da pessoa e analisar se ela está assumindo responsabilidades ou fugindo delas.*
- *Entenda que é em momentos como esse que se constrói a confiança entre as partes.*

ENGAJAMENTO - UM FATOR CRÍTICO DA SEGUNDA ONDA

Por que encontramos tantas pessoas descomprometidas? Elas não se envolvem e não se engajam nas coisas.

Vou contar uma história muito interessante que aconteceu em uma empresa de informática em Minas Gerais, quando um novo supervisor assumiu a equipe de vendas e precisava do comprometimento das pessoas. Os vendedores gostavam muito do chefe anterior, e o novo precisava conquistar essas pessoas. Inevitavelmente, qualquer profissional que substituísse o anterior enfrentaria certa rejeição da equipe. E o recém-chegado pensou no que poderia fazer para reverter esse quadro o mais rápido possível, pois não tinha tempo para equalizar a situação.

Ele juntou a equipe no auditório, levou o *flip-chart* e um pincel atômico e disse: "Estou me apresentando e gostaria de saber primeiro o que vocês esperam de mim. Digam". Eles ficaram meio pasmos na hora, mas começaram a falar, e o homem começou a escrever tudo no *flip-chart*, cada coisa que esperavam dele. No fim, quando olhou para o papel, ele disse: "Olha, em relação a praticamente tudo isso aqui eu posso realmente me comprometer com vocês".

E prosseguiu: "Agora, eu gostaria de colocar nesta outra folha do *flip-chart* o que eu posso esperar de vocês. Digam". E assim as pessoas foram citando tudo o que ele podia esperar delas. E esse homem colocou essas duas folhas de *flip-chart* no salão de vendas e as manteve ali por um ano. Ele conseguiu o comprometimento das pessoas em um curto espaço de tempo.

Qual é a lição de liderança que podemos tirar dessa experiência? Se você quer obter de verdade o engajamento das pessoas, as perguntas que lhe faço são as seguintes: Qual é o seu comprometimento com as pessoas? Qual é o seu comprometimento com as expectativas delas? Qual é o seu grau de transparência quanto às expectativas das pessoas em relação a você, à organização onde trabalham e ao próprio desempenho profissional?

Se você não demonstra comprometimento e transparência, como pode querer que alguém se comporte assim com você?

Eu quero apresentar outra história, relatada por um ex-piloto da Marinha, e que mostra exatamente a questão da interdependência.

> *Voei 37 missões bem-sucedidas, saltando de porta-aviões no Vietnã; depois fui derrubado, capturado e passei cinco anos como prisioneiro de guerra antes de ser libertado no fim do conflito. Vários anos depois, um homem se aproximou de mim no saguão de um hotel e disse: "E aí comandante, como tem passado?". Parecia-me que havíamos servido no mesmo porta-aviões no Golfo. Após algumas brincadeiras, perguntei: "E o que você fazia, marinheiro?". E ele respondeu: "Eu dobrava paraquedas". Então conversamos um pouco mais sobre*

os velhos tempos e depois nos despedimos. Naquela noite, a meio caminho de casa, percebi que realmente devia a vida àquele marinheiro, porque ele foi o responsável por dobrar meu paraquedas muitas vezes. E se o artefato não estivesse bem dobrado, não abriria na hora certa, e hoje eu não estaria vivo.

Então, quero deixar uma lição muito importante: para podermos exercer nossa atividade, alguém preparou o campo para nós, alguém nos deu apoio, serviu-nos, municiou-nos com um relatório, com uma informação.

E a questão que lhe proponho é: Quem dobra o seu paraquedas? O que você está fazendo, efetivamente, para ter um desempenho melhor?

Muitas vezes, concentramo-nos tanto em nós que esquecemos a quantidade de pessoas que nos servem. E reconhecer a importância dessas pessoas é abrir a visão para a interdependência, que é uma competência fundamental de liderança.

Compartilhe a liderança!

A liderança não tem que ser só sua, e a nova forma de liderar, por meio de uma rede fluida, pode ser mais importante que a do velho comando de cima para baixo, de uma hierarquia fixa que determina às pessoas o que é certo e o que é errado fazer.

O sábio e mestre, grande professor de administração de empresas, Peter Drucker, observou que as pessoas precisam ter a oportunidade de assumir a frente do que fazem, até porque, muitas vezes, elas sabem mais a respeito do seu trabalho do que seus próprios gerentes.

Então, como agir com base na ideia de compartilhamento de liderança? Permita que as pessoas assumam a frente de tarefas quando elas estão aptas para isso. Dê condição para que as pessoas tomem a iniciativa, para que elas criem, para que tragam soluções; provoque as pessoas, não lhes dê prontamente todas as respostas, pois assim você apenas deixa de ensiná-las a pensar, e pessoas que não pensam vão lhe trazer problemas, e você, inevitavelmente, vai ter que trabalhar para elas.

No final das contas, é muito comum encontrarmos pessoas escravas da sua própria equipe. Você pensa e o resto faz; eles trazem os problemas e você os resolve.

A liderança fluida de segunda onda engaja, responsabiliza, desafia, corrige, inspira e empodera.

___ RESUMO DO CAPÍTULO ___

Liderança fluida de segunda onda é promover a alta performance.

A base da performance é a coragem da pessoa em ir além, pela automotivação.

Uma cultura de alta performance é alcançada por meio de metas desafiadoras, estímulo e pressão na dose certa.

Conversas de vínculo estão estruturadas para unir interesses organizacionais e aspirações pessoais.

Pessoas se engajam com base em três sentimentos: confiança na liderança, ver sentido no esforço e evolução evidente.

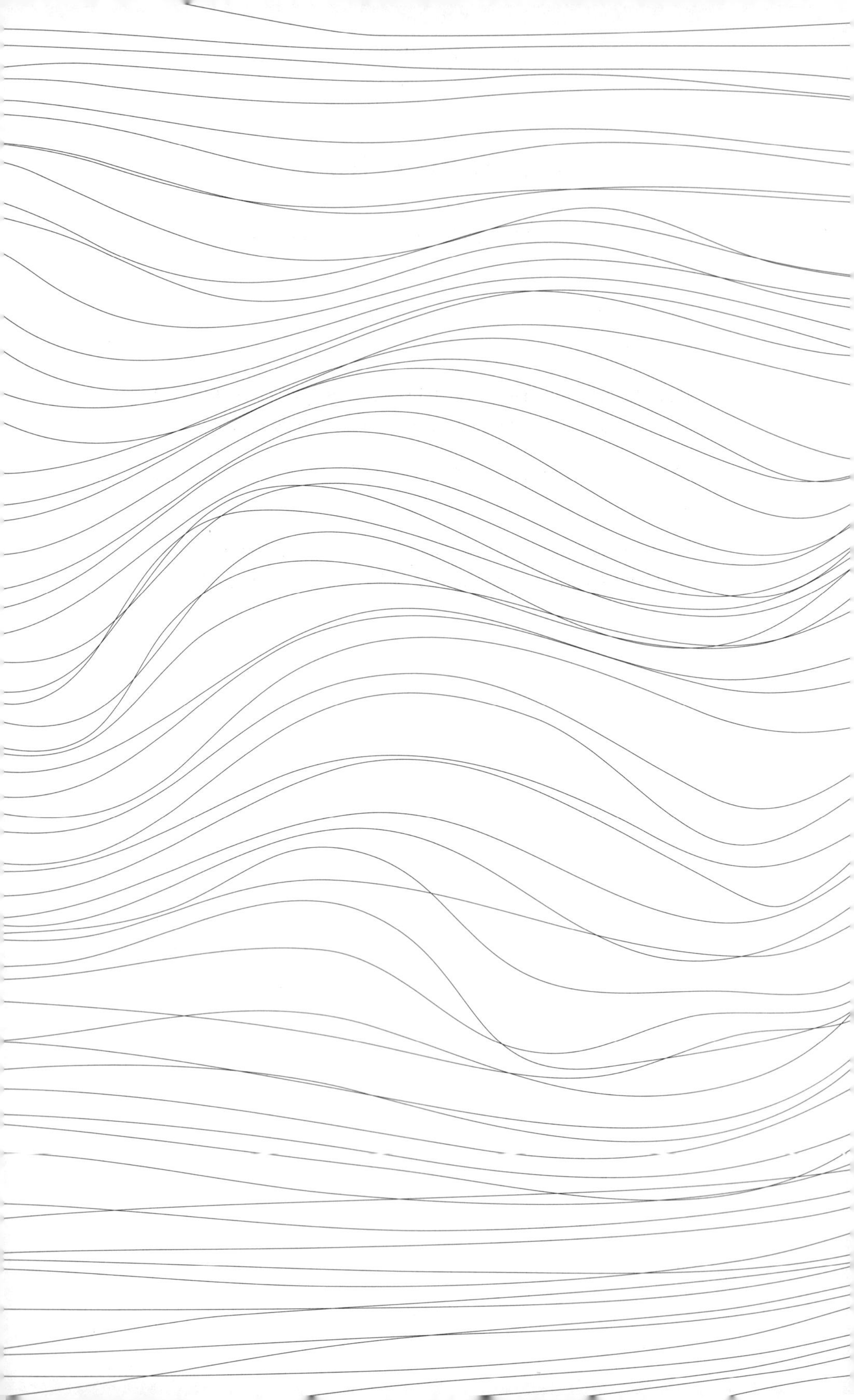

CAPÍTULO 5

TERCEIRA ONDA
SENSO DE SINERGIA

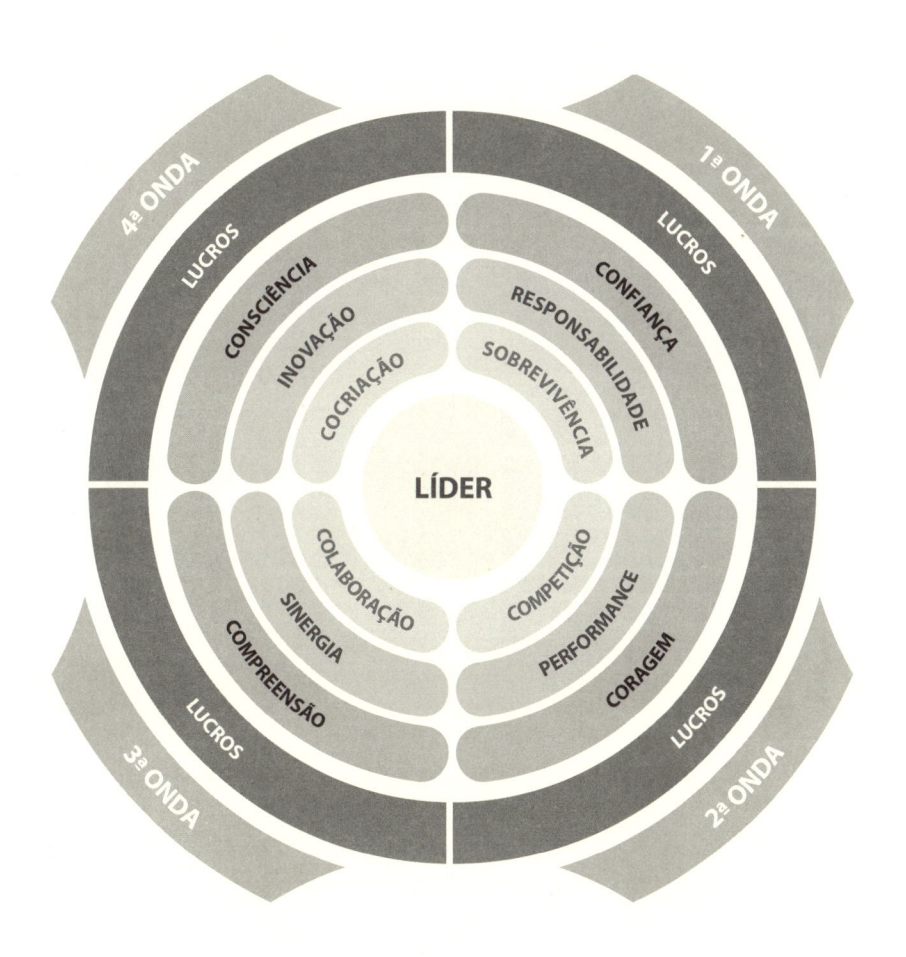

Talento ganha jogos, trabalho em equipe ganha campeonatos.

Michael Jordan

Antes de iniciar o aprendizado sobre a liderança de terceira onda, responda a esta pesquisa sobre os desafios que se referem a este estágio.

Qual é a velocidade de resposta aos problemas em sua organização?	Alto	Médio	Baixo	Nada
Qual é a velocidade da resposta às demandas de minha equipe?	Alto	Médio	Baixo	Nada
Qual é o nível de interatividade entre as áreas?	Alto	Médio	Baixo	Nada
As pessoas se relacionam bem entre e dentro das áreas?	Alto	Médio	Baixo	Nada
As pessoas da minha equipe têm visão do todo?	Alto	Médio	Baixo	Nada
Há espírito de colaboração nas pessoas?	Alto	Médio	Baixo	Nada
As pessoas buscam juntas formas de gerar ganhos para a organização?	Alto	Médio	Baixo	Nada
As pessoas do meu time se respeitam?	Alto	Médio	Baixo	Nada
As pessoas do meu time têm poder para resolver problemas juntas?	Alto	Médio	Baixo	Nada
As pessoas do meu time trabalham para a empresa?	Alto	Médio	Baixo	Nada

___ O LADO SOMBRA DA TERCEIRA ONDA ___

Há uma tendência natural de se enxergar qualquer movimento de cunho coletivo como elemento vital no novo mundo. Cooperação é diferente de colaboração, como veremos adiante. De fato, encontrar no coletivo a nova força é acertado, mas há comportamentos distorcidos na terceira onda que chamam a atenção.

Risco 1: Quando tudo é coletivo

Muitas pessoas radicalizam o movimento de coletividade e entendem que toda decisão deve passar pelo envolvimento e crivo de todos. Sem dúvida, há circunstâncias que exigem tal participação; no entanto, não são "todos" os momentos que demandam o envolvimento de todos. Como diz Peter Drucker, "nem tudo se resolve no coletivo. Algumas coisas devem ser resolvidas no individual".

Risco 2: Morosidade

Há inúmeros profissionais que gostam de coletivizar e decidir com base nessa dimensão, mas às vezes eles se tornam lentos nas respostas em razão da própria necessidade de envolver a todos, tornando os processos bem mais demorados.

Risco 3: Intimidade e amizade

Um dos grandes pontos cegos da terceira onda é transformar um ambiente coletivo positivo em um ambiente excessivamente íntimo e amigável. Pessoas, nessa situação, tendem a se apoiar para construir ambientes seguros e estáveis; têm dificuldade de assumir responsabilidades e jogam para o grupo o risco de algo dar errado.

___ POR ONDE COMEÇAMOS O MOVIMENTO EFETIVO DA TERCEIRA ONDA? ___

Tudo se inicia na sensibilidade com o outro. Em sua história recente, o mundo nunca precisou tanto de um humanismo honesto e responsável. Considerando-se a realidade humana, constatamos que o espaço no qual as pessoas interagem com mais intensidade são as organizações, que, por vezes, dependendo do porte, têm o poder de um país. Essas redes efetivamente se movimentam em torno de suas regras, políticas, interesses e resultados. O centro de tudo é o humano. Desde o processo decisório, passando pelo operacional até o usuário final, tudo envolve pessoas, que estão no centro das ações. E a centralidade humana traz o espírito do coletivo para o foco da liderança de terceira onda.

Modelo da liderança de terceira onda

(Diagrama: pirâmide dupla / ampulheta com os níveis)

- **SINERGIA**
  - Colaboração
  - Rotinas de ajuda mútua
  - Resultados extras para todos
- **CONFLITOS**
  - Pactos entre áreas
  - Gestão de conflitos
  - Evoluir atitudes
- **Propósito comum**
- Empatia compassiva
- Biovisão
- Escuta conectiva

Liderança de 3ª Onda

Pessoa A | Pessoa B

__ A DIFERENÇA ENTRE COOPERAÇÃO E COLABORAÇÃO __

Cooperar significa ajudar o outro por conveniência, tenha isso a ver com valores de uma empresa, obter boas notas no comitê de carreira, ser bem-visto e aceito pelos outros. Muitas pessoas cooperam, e isso é muito bom. Haver um ambiente cooperativo na organização já é um fator bastante favorável para trocas e senso de pertencimento.

Colaboração significa ajudar o outro por uma verdade interna, um espírito natural e autêntico de querer muito fazer junto com o outro e para o outro, independentemente de fatores externos. É uma ajuda sem interesses, sem cobranças e, por vezes, sem o conhecimento dos outros ou da própria pessoa beneficiada.

No quadro a seguir, o leitor pode perceber a evolução entre cooperação, colaboração e espírito de competição.

O papel da liderança é perceber essas realidades e, em primeiro lugar, levar as pessoas para um nível de verdade, de falar o que pensam e o que sentem, para depois despertar nelas o real espírito do coletivo.

	Foco pessoal	Foco coletivo
Verdade	Competição aberta	Colaboração
Conveniência	Competição velada	Cooperação

___ COMPREENSÃO: O FATOR CATALISADOR DA TERCEIRA ONDA ___

Compreensão é tudo o que falta nas organizações. É o que une as pessoas e as faz superar os dramas das relações. Quando eu enxergo o outro e me vejo no outro, fica mais fácil saber como proceder – afastar-me, aproximar-me, debater, calar, falar, desafiar, acolher, respirar, pausar, enfrentar. A compreensão nos leva a enxergar o mundo com outros olhos, a escutar com outros ouvidos, a sentir com outro coração. Tudo isso é alimento e força para uma liderança fluida que vibre positivamente na terceira onda.

___ COLABORAÇÃO: O FOCO DA TERCEIRA ONDA ___

Construir uma cultura de colaboração deve ser o foco crítico e fundamental de uma liderança que optou por vibrar na terceira onda. A colaboração, como vimos, emerge de uma ampla noção de verdade interna associada a uma empatia compassiva. Esse espírito eleva a alma viva da liderança para o mutualismo.

A ideia de mutualismo vem de Piotr Kropotkin, pensador russo que propôs um entendimento peculiar sobre a evolução das espécies: os mais aptos a sobreviver não são os mais fortes fisicamente, nem os mais astuciosos, e sim aqueles que aprendem a se associar de modo a se apoiarem mutuamente, sejam eles fortes ou fracos, pelo bem-estar da comunidade.

"Aquelas comunidades", escreveu ele, "que possuíssem o maior número de membros mais colaborativos seriam as que melhor floresceriam e deixariam a prole mais numerosa."

> *Mutualismo = Ajuda mútua*

Tudo que um líder precisa fazer é estimular seus liderados para que um queira verdadeiramente ajudar o outro. Quando duas pessoas desejam resolver um problema entre si, a questão se dilui se houver uma autêntica vontade de ajudar. Esse espírito de ajuda quebra as forças sutis e históricas de egoísmo que encontramos no mundo.

A ajuda mútua cria o fator mágico da terceira onda: SINERGIA.

___ SINERGIA: A MAGIA QUE TRANSCENDE OS RESULTADOS ___

No início de 1830, Cincinnati era uma animada cidade fronteiriça dos Estados Unidos. Localizada na grande curva do rio Ohio, foi preparada para um crescimento explosivo, pois era um local de fácil logística graças aos sistemas de barco que favoreciam o transporte de mercadorias para outras cidades, como Pittsburgh, Louisville, Memphis e Nova Orleans. Apelidada de "Porcópolis" devido ao grande número de abatedouros, a cidade também fornecia muita gordura e óleo para fazer velas e sabão.

William Procter emigrou da Inglaterra e se estabeleceu como fabricante de velas em Cincinnati. James Gamble, imigrante irlandês, aprendeu sozinho a fazer sabão. Eles nunca se encontrariam se não tivessem se casado com duas irmãs – Olivia e Elizabeth Norris. Foi o pai delas, Alexander Norris, que notou que seus dois genros estavam competindo pela mesma matéria-prima, e então sugeriu que eles se tornassem parceiros comerciais. O que teve início como um negócio familiar de produção de velas e sabão se tornaria a maior e mais rentável empresa de bens de consumo do mundo.

Embora Cincinnati fosse um mercado em ascensão, a maior parte do país sofria com uma grande instabilidade financeira. Centenas de bancos fechavam as portas e levavam a uma preocupação generalizada de que os Estados Unidos pudessem ir à falência. Mas William e James resolveram investir e cada qual aportou cerca de 3.500 dólares para juntos abrirem a empresa de sabão e velas chamada The Procter & Gamble Company. O acordo de parceria foi assinado em 31 de outubro de 1837. Era uma época arriscada para se começar um negócio, especialmente porque havia outros catorze fabricantes de sabão e vela em Cincinnati.[1]

A história dos senhores Procter e Gamble mostra classicamente que a sinergia, quando reunidas as condições necessárias, pode ser um elemento de alavancagem de qualquer negócio.

Sinergia se dá quando um mais um vira três. Trata-se de um resultado que não é atingido sem o envolvimento de uma das partes. Por exemplo, a simples criação dos serviços compartilhados (*shared services*) em grandes organizações é uma evidente proposta de sinergia que gera ganhos com redução de custo, melhor comunicação e produtividade. No entanto, o fato *per se* de existir um *shared services* não garante que as pessoas tenham o espírito de "sinergia".

> *Sinergia se dá quando um mais um vira três.*

Eis alguns dos fatores mais comuns que impedem a sinergia nas organizações:

- *Egoísmo* – quando a pessoa pensa somente nos resultados que ela precisa entregar e trabalha exclusivamente para o chefe.
- *Conflitos* – quando áreas ou pessoas têm foco e interesses naturalmente conflitantes.
- *Relacionamento* – quando as pessoas não se dão bem ou têm restrições a seus colegas de trabalho.

---

1. Fonte: https://www.pg.com/translations/history_pdf/english_history.pdf

- *Burocracia – quando as regras e políticas dificultam tomadas de ações conjuntas.*
- *Autoproteção – quando a amizade chega a um nível de todos se autoapoiarem para proteger seus empregos e resultados.*
- *Liderança – quando o chefe territorializa ou trava a fluidez decisória da área, limitando autonomias.*
- *Tempo – quando as pessoas não usam bem o tempo, ficam na urgência e não abrem conversas.*

___ PRIMEIRA BASE DA EMPATIA: ESCUTA CONECTIVA ___

Empatia é, antes de mais nada, saber escutar. Muitos líderes não compreendem que o ouvir é diferente do escutar de forma conectiva. Quando alguém me dirige a palavra, se eu ouvir essa pessoa sem contestá-la de imediato, se avaliar o assunto do ponto de vista dela, interpretá-lo com base no contexto e depois reagir com alguma resposta, demonstro saber escutar de forma conectiva, ou seja, entrando no mundo do outro e entendendo-o sem julgamento.

No entanto, quando apenas ouço e reajo prontamente, como é comum ocorrer, isso não representa escutar, e sim ouvir de uma forma imediata e reativa para responder.

Escutar de modo conectivo

- Ouço – entendo – interpreto – reajo

Ouvir de modo reativo

- Ouço e reajo

Quando falamos de liderança de terceira onda, referimo-nos a sentir, acolher, entrelaçar e produzir. Ela representa o elemento água de nossas relações, que envolve interagir e sentir.

___ SEGUNDA BASE DA EMPATIA: BIOVISÃO ___

O primeiro passo para que tudo comece a se alinhar é a empatia, que é a capacidade de entender como o outro vive, pensa e se sente.

O método que usamos para buscar empatia é a "biovisão".

Biovisão é a percepção da vida, do mundo do outro. É quando entramos de tal forma no mundo do outro que conseguimos entender suas dores, angústias, necessidades e forma de pensar e agir. É entender seu modelo mental.

Modelo mental refere-se a "o que" a pessoa pensa, "como" e "por que" pensa dessa forma.

Uma empresa ou organismo é um ambiente de vida completo e diversificado. Não existe possibilidade efetiva em ter vida ativa e saudável se não existir um amplo entendimento da dimensão sutil das pessoas. Sem a capacidade de ver a vida dentro da vida, fica difícil acessarmos aspectos sutis. O que é ver a vida dentro da vida?

Buscar entender o modelo mental das pessoas por meio de uma visão de sua vida e suas histórias nos dá um fortíssimo elemento para compreender por que elas são o que são ou estão onde estão. Todos nós temos nossas histórias e são elas que explicam o que somos hoje. Entender, e mais, penetrar esse mundo abre um cenário real de possibilidades de relacionamento e posicionamento em um organismo vivo.

Biovisão, portanto, é a capacidade de ter uma visão completa da história de vida de uma pessoa ou de uma área que traduza determinado modelo mental.

O que devemos buscar em uma pessoa por meio da biovisão?

- *Suas histórias passadas na infância.*
- *Sua jornada de carreira.*
- *Formas de pensar.*
- *Gostos e hobbies.*
- *Realizações, sucessos, momentos marcantes.*
- *Frustrações.*
- *Vocações, anseios, sonhos.*
- *Pontos cegos para colaboração.*
- *Valores pessoais.*

Quando as lideranças começam a conhecer mais as pessoas por meio de uma biovisão apurada, muitos ajustes são feitos. Mesmo que as pesquisas, a robótica e a inteligência artificial ofereçam quase instantaneamente o perfil psicológico, motivacional e de habilidades de uma pessoa, ainda assim sua história precisa ser conhecida.

Quando se tem equipes grandes e complexas e é preciso fazer um alinhamento, recomenda-se às lideranças que iniciem com uma biovisão dos profissionais que ocupam os cargos mais elevados, descendo gradualmente na hierarquia das equipes.

A chave para tudo isso funcionar: ser interessado e ativar a vontade do outro para querer se abrir.

Certa vez, o diretor de uma importante empresa imobiliária confidenciou-me que sua equipe de quarenta corretores estava deixando a desejar. Eles não se relacionavam bem devido a uma extrema competição que se transformara em total desvirtuação da individualidade de cada um. Ninguém conseguia mais enxergar o outro como ele verdadeiramente era, apenas os estereótipos construídos. Assim, esse diretor decidiu proporcionar uma biovisão de cada membro para todos do grupo. Ele viu na reunião quinzenal de resultados uma boa oportunidade para inserir uma apresentação diferente. A reunião durava noventa minutos, então ele reservou dez minutos desse tempo para que uma pessoa, selecionada de modo aleatório, pudesse apresentar sua história de vida aos demais. Em dois meses de aplicação dessa dinâmica, ele notou que todos ficavam ansiosos para ser sorteados, afinal todos queriam contar sua história de vida. A cada quinzena, uma surpresa era revelada ao grupo. Muitas pessoas choraram, outras pediram desculpas após escutar a história de vida do colega, muitas se reconciliaram, entre outras coisas que ocorreram. Foi uma revolução, segundo o diretor, pois ele não imaginava o bem que isso faria.

Depois de um tempo, ele disse a um de nossos consultores: "Como uma coisa tão pequena pode mexer em tantas coisas grandes? Nossos negócios melhoraram consideravelmente depois que cada um pôde ter uma visão de vida do outro!".

Essa ação reflete uma liderança de terceira onda. Atuar em coisas sutis impacta sobremaneira as coisas grandes. Esse é o impacto da biovisão. Em minha experiência, comprovei que ter uma biovisão de um ser humano torna nosso julgamento menos severo, mesmo que tenhamos que tomar atitudes mais duras.

Biovisão corporativa

Outro aspecto da biovisão é sua aplicação para entender a história de uma área ou departamento.

Cada setor de uma empresa tem uma vida, tem uma história, e as coisas não se encontram no estágio em que estão à toa, houve um movimento. Gestores deveriam ter um histórico registrado da evolução de sua área, um relato de seu início, de quem a conduziu ao longo do tempo, do que foi feito, de erros e acertos, desafios, histórias de colaboradores, clientes e fornecedores. Gestores deveriam ser contadores de histórias das áreas em que atuam no intuito de integrar cada funcionário em um contexto maior, ajudando-o a entender seu papel dali para a frente. Ter uma biovisão da área e transmiti-la a cada pessoa que chega traz engajamento, noção do todo e facilidade de entender os papéis de cada um. A biovisão de áreas ou departamentos traz um alinhamento de postura e atitudes, comunica valores e naturalmente desperta um senso de missão. Imagine uma organização onde os gestores adotam essa prática. Como seriam os funcionários? Mas, para que isso aconteça, a base é criar um registro histórico ao final de cada ano.

A biovisão de área favorece
o entendimento de três
elementos críticos para
uma abertura ou não
à colaboração:

- *identidade* – toda equipe ou área tem uma cara, a maneira como quer ser vista;

- *legitimidade* – toda equipe ou área tem orgulho e quer ser reconhecida por conquistas e avanços realizados;

- *autonomia* – toda equipe ou área quer ter poder de decisão e autonomia sobre coisas que lhe dizem respeito.

O papel da liderança é entender o mundo do outro a partir desses três elementos críticos que geram o alinhamento do discurso com uma colaboração natural. Com base neles, o registro evolutivo da área ou da equipe responderia às seguintes questões básicas:

Identidade

1. *O que diferencia essa área ou equipe das demais?*
2. *Como gosta de ser vista pelos principais* stakeholders *da empresa? E pelos clientes?*
3. *Quais são as principais atividades que sustentam tudo o que seus membros entregam?*

Legitimidade

4. *Como a área ou equipe chegou até aqui?*
5. *Pelo que passou?*
6. *De que coisas os seus membros têm orgulho?*

Autonomia

7. *De que a equipe não abre mão?*
8. *Até que ponto as pessoas estão dispostas a mudar?*
9. *Que grau de autonomia e tomada de decisões gostariam de manter?*

Outra maneira de se aplicar a biovisão é fazê-la em forma de balanço de um período.

1. *O que mudou este ano?*
2. *Em que melhoramos?*
3. *Quais foram os fatos marcantes?*
4. *Quais foram nossos avanços?*
5. *O que precisamos melhorar no próximo ano?*

Em uma siderúrgica, a unidade de aciaria não conversava bem com a manutenção. Em vez de brigar com o pessoal da aciaria, como sempre ocorria, um supervisor de manutenção decidiu entender a história deles e como pensavam. Durante duas semanas, ele se sentou com as pessoas-chave da aciaria por duas horas e passou a compreendê-las melhor. Ele descobriu que os aceiros tinham uma identidade e uma história das quais se orgulhavam. Durante as reuniões, o supervisor de manutenção não pedia, não comentava e não dava nenhum tipo de *feedback*, apenas escutava. Esse simples gesto mudou toda a relação entre as áreas, que passaram a se respeitar mais e, com isso, ganharam produtividade em processos nos quais não prestavam tanta atenção antes. Isso é empatia. Ser capaz de entrar de coração, e sem interferência, no mundo do outro.

__ OS TRÊS TIPOS DE EMPATIA __

Empatia cognitiva
«Eu posso enxergar de seu ponto de vista e falar para você compreender»

Empatia emocional
«Eu sinto como você, sei como reage. Por isso posso dar conselhos»

Empatia compassiva
«Eu sinto que você precisa de ajuda e vou ajudar»

A empatia compassiva é o estágio mais avançado no espírito de coletividade, representada pela simples iniciativa que parte de alguém de forma autêntica.

Segundo a neurociência, nosso cérebro é maleável e plástico, permitindo-nos reequipar nosso circuito neural. Temos uma capacidade natural para a empatia, basta nos esforçarmos um pouco mais para compreender o outro.

__ AS OITO ORIENTAÇÕES DE ESTÍMULO À MENTE EMPÁTICA __

1. Pare de fazer suposições sobre os outros

Que suposições você pensa que as pessoas fazem sobre o tipo de pessoa que você é? Quão certas elas estão? De igual forma, talvez você faça o mesmo sobre as pessoas. Nas organizações, suposições são terreno fértil para distanciamento. Pense em quantas vezes você se enganou em suas suposições e julgamentos sobre outras pessoas. Quais foram as consequências disso? Lembre-se de que seres humanos são um universo de comportamentos incoerentes, por vezes.

2. Acabe com os preconceitos

Tudo que é diferente provoca duas reações primárias: medo e desejo. No geral, o diferente atrai aqueles que estão ávidos por novidades, por experiências, por descobertas e aprendizagem. O inverso também ocorre com aqueles que enxergam o diferente como uma ameaça, uma provocação, ou mesmo uma afronta. O preconceito é construído a partir do olhar de alguém que se fundamenta em seu próprio sistema de valores e crenças. Lembre-se de que é o "seu" sistema de valores, não o dos outros. Em um mundo interconectado, pessoas têm hábitos e comportamentos diferentes. Enquanto que para um chinês o ato de cuspir é fundamental para a saúde, para um inglês é uma barbaridade. Ao passo que para um indiano o ato de comer com as mãos é natural, para um francês pode ser insultante, assim como as formalidades de uma cultura podem ser vistas como mera "frescura" por outras. Vivemos um mundo de ascensão da diversidade e da inclusão. Diversidade é convidar para a festa, inclusão é chamar para dançar.

3. Diminua a distância

Quanto mais interagimos, mais os relacionamentos se fortalecem. Vínculos são construídos por momentos de troca, compartilhamento de interesses, aprendizados e afinidades. A relação de troca nos permite entender e aceitar o outro com mais facilidade.

4. Descubra por que uma pessoa age ou pensa de determinada maneira

Tudo no mundo tem uma causa, uma raiz. Ninguém nasce mau. Ninguém nasce tímido. Muitos comportamentos foram distorcidos ao longo de experiências que as pessoas tiveram e pela forma como elas interpretaram os eventos. Portanto, se você tiver um mínimo de curiosidade, pode perfeitamente investigar os motivos de certas atitudes de uma pessoa sem ter de ser necessariamente um psicólogo, mas ativando sua própria mente empática.

5. Aumente a frequência dos diálogos

Diálogos resolvem muitas coisas. Dialogar é não guardar, é saber a hora de ir até o outro e iniciar uma conversa, por mais difícil que ela possa ser. Recorrer ao diálogo toda vez que algo não esteja funcionando bem evita o caminho da discórdia.

6. Reconheça a humanidade no outro

Pessoas têm um mundo de virtudes e desvirtudes. Tudo que há de bom e de ruim, o bem e o mal habitam a espécie humana. A diferença é que uns conseguem anular aspectos nocivos de nossa natureza, e outros não. Quando você conhece uma pessoa e descobre nela uma falha moral, isso não significa que deva ser implacável e marginalizá-la. Abrir-se a uma visão mais ampla ajuda a não ser tão severo a ponto de atribuir a alguém um rótulo eterno.

7. Compreenda mais, julgue menos

A mente julga em instantes. É o papel dela. Ela vê e interpreta baseada em memórias e referências passadas. Consequentemente, cada pessoa constrói a própria visão de mundo e julga as demais sempre a partir dessa visão particular, ignorando a perspectiva alheia. Por isso, compreender de verdade é ver o outro pela visão dele, mesmo que você não concorde com ela.

8. Conheça bem a história do outro

Todas as pessoas têm uma história. Nada do que elas são hoje se deu por acaso. Tudo é fruto de escolhas e atitudes. Entender esse fato abre um cenário de possibilidades para lidar bem com elas. Por isso, invista em escutar as histórias daquelas pessoas com quem você precisa se relacionar.

___ A FORÇA DO PROPÓSITO COMUM ___

Em geral, as pessoas se prendem ao seu próprio mundo de interesses e objetivos, sejam eles quais forem, e isso se dá por força do nosso sistema social, que nos incita a cuidar de nós mesmos como forma de proteção contra riscos, levando-nos ao modelo de luta e fuga.

Esses interesses e objetivos são diversos e difusos, mas, se explorados adequadamente, podem convergir em uma só direção que, por sua vez, pode conciliá-los e otimizá-los.

Quando ajudamos as pessoas a encontrar um propósito maior que o delas mesmas, proporcionamos também uma visão e um impacto organizacional mais amplos que por vezes não haviam sido percebidos.

Essa é a força do propósito maior, e é assim que podemos levar duas ou mais pessoas a lutar por um mesmo objetivo, um projeto que ultrapasse o interesse individual e as una em uma busca comum.

Encontrar o propósito comum é a base para podermos lidar com conflitos. Há a teoria de que precisamos focar primeiro o conflito para depois encontrar um propósito comum. Como consultor, não invalido os que fazem isso, e eu mesmo já o fiz sendo bem-sucedido. Há uns bons anos, porém, eu e alguns colegas consultores descobrimos que encontrar o propósito comum antes de lidar com os conflitos facilita a criação do que chamo de ancoragem positiva. Ao ter validado um propósito comum com duas ou mais pessoas, aquele ponto se torna uma luz, uma âncora para as discussões e até para momentos difíceis. Desde que adotei a postura de encontrar o propósito comum antes de enfrentar o conflito, tenho obtido excelentes resultados com todos os nossos clientes.

O propósito comum une times de várias formas. Veja alguns elementos em torno dos quais as pessoas que se juntam:

- *Senso de independência ou interdependência (equipes de vendas).*
- *Formalidades e estrutura (comitês, entidades de classe).*
- *Propósito ou missão (projetos).*
- *Tempo (alguma emergência ou crise).*
- *Autoridade (liderança com forte poder de determinação).*
- *Expertise ou forte habilidade (pesquisadores e cientistas).*

- *Natureza do trabalho (conselho, time executivo).*
- *Identidade local ou cultural.*

___ O CONFLITO COMO SOLUÇÃO ___

Gestão de conflitos: diagnosticar para solucionar

Uma das habilidades da liderança de terceira onda é lidar com conflitos.

Sabemos que uma situação de conflito tem início quando há, além da divergência, uma necessidade de escolha entre aspectos considerados incompatíveis e antagônicos, perturbando a tomada de decisão ou uma ação específica por parte das pessoas e dos grupos.

Para o sociólogo alemão Ralf Dahrendorf, o conflito é um fato social e universal, totalmente necessário, que pode ser resolvido justamente com as mudanças ocorridas na sociedade. Já Kurt Lewin, psicólogo alemão que elegeu o conflito e as mudanças como objetos de estudo, afirma que o conflito, em relação ao indivíduo, é a convergência de forças de sentidos opostos e de igual intensidade que surge quando passa a existir uma atração por duas valências positivas, porém opostas, ou por duas valências que são negativas, ou ainda por uma positiva e outra negativa na mesma direção ou objetivo.

A partir de suas observações, Kurt Lewin desenvolveu a chamada "teoria de campo", firmada na ideia de motivação com base nos conceitos e pensamentos da *gestalt*, uma teoria que defende a necessidade de se entender o todo antes de se compreender as partes. Para o psicólogo, a percepção individual é um dos principais fatores para se entender a realidade, inclusive os conflitos, suas causas e resultados, e defende que, para além da percepção pessoal, mais importante é a maneira como o indivíduo se comporta diante dessa realidade, já que sofre muitas influências do ambiente no qual ele está inserido.

O conflito pode resultar em aspectos negativos e positivos, e o que vai determinar o controle da situação é a gestão de conflito. Esse processo envolve um conjunto de ações integradas que busca diagnosticar as fontes que causaram as divergências, bem como a aplicação de práticas melhores e mais eficazes, além de metodologias colaborativas, visando à prevenção e correção das questões e a uma assertiva governança organizacional. Nesse cenário, podemos conceituar os dois grupos de práticas dentro da gestão:

AÇÕES PREVENTIVAS

Têm como objetivo construir elementos socioambientais que antevejam e antecipem conflitos entre pessoas. Essas ações envolvem acordos, redesenho de processos, redefinição de escopo de trabalho, cargo, área, poder e regras corporativas.

AÇÕES CORRETIVAS

Diferentemente das ações preventivas, as corretivas são reações a um evento conflituoso. Uma vez estabelecido o conflito, iniciam-se mediações, conversas e medidas que estabeleçam uma nova ordem entre os envolvidos e evitem maiores danos ao ambiente organizacional.

A liderança de terceira onda investe tempo e recursos para que conflitos desnecessários sejam minimizados ou mesmo exterminados, deixando apenas aqueles que são, de certa forma, naturais e até saudáveis para o organismo.

O conflito sempre fez parte do jogo da nossa existência

O conflito é tão antigo quanto a presença humana na Terra, e, ao longo dos anos, com a evolução da cultura e dos povos, a teoria de conflito se transformou em um considerável aspecto funcional da sociedade como um todo, sendo que, antigamente, os conflitos só eram vistos sob a perspectiva moral ou do que era justo, principalmente no que dizia respeito à luta de classes. As divergências passaram a ser consideradas uma relação social com funções positivas para a sociedade a partir do funcionalismo presente nas civilizações, ainda que pudessem desintegrar relacionamentos interpessoais.

Desse contexto, os conflitos chegaram até as empresas, transformando-se em um fator de atenção e que merece cuidados, uma vez que se passou a encarar situações antagônicas como oportunidades de associação ou de dissociação humana, pelas quais pode-se alcançar a união ou o descontentamento das partes. As empresas que decidem implantar uma gestão de conflitos precisam perceber que esse é um ponto de partida para fazer que todos caminhem juntos, e não para simplesmente eliminar divergências esvaziando as relações e as interações.

Um conflito, assim como uma guerra, surge a partir de motivações diversas, entre as quais podemos citar a disputa constante pelo poder e pelo controle de algo; divergências em relação às estratégias; a riqueza que compõe as motivações econômicas; distinções entre classes e cargos (no caso das empresas); e ainda diferenças culturais e étnicas que influenciam diretamente o comportamento dos indivíduos. Alguns aspectos da sociologia podem contribuir para a gestão de conflitos por evidenciar o desenvolvimento e o amadurecimento das personalidades e das reações dos seres humanos diante dos acontecimentos, visto que as pessoas agem e reagem continuamente, entre si e com o ambiente, de forma a influenciar tudo o que acontece ao redor delas.

Observando as diferentes atitudes, conceituações e estágios dos conflitos dentro das empresas, é possível identificá-los e eleger um meio de administrá-los da maneira mais efetiva e assertiva, com a liderança da organização agindo de forma construtiva e agregadora.

Situações conflituosas são frequentemente deflagradas pela percepção individual de uma divergência em relação a direitos não atendidos ou conquistados, a mudanças externas acompanhadas por tensões, à luta excessiva pelo poder, à exploração de terceiros, à carência de informação, tempo e tecnologia.

Conflitos muitas vezes são alimentados por visões autocentradas que particularizam o olhar.

No ambiente social e de trabalho, as pessoas interagem o tempo todo, e vários são os elementos que podem aproximá-las ou afastá-las de seus objetivos pessoais e profissionais.

> *Conflitos muitas vezes são alimentados por visões autocentradas que particularizam o olhar.*

Gestão de conflitos em empresas - perspectiva histórica

A gestão de conflitos tem início a partir do momento em que uma divergência é percebida, seja ela de qualquer espécie, e quando isso acontece tudo precisa estar sob o controle dos líderes organizacionais. Quando uma parte percebe que está sendo afetada por outra, positiva ou negativamente, algo precisa ser colocado em prática imediatamente para que as metas da empresa continuem sendo perseguidas e conquistadas.

A gestão de conflitos considera diferentes pontos de vista dentro do processo de busca pela estabilidade, o que engloba a visão tradicional, a visão das relações humanas e a visão interacionista.

Dentro da *visão tradicional*, muito comum nas décadas de 1930 e 1940, a abordagem é evitar o conflito por considerar que, independentemente do tema e da situação, toda divergência é ruim para a empresa; dissensões são indicadores de que existem falhas na comunicação, quebras de confiança e de que o cenário pode estar muito próximo do fracasso.

Com o surgimento da *visão das relações humanas*, o argumento passa a ser de que o conflito é uma consequência natural e inevitável de qualquer ambiente ocupado por pessoas, em qualquer grupo, e que não é necessariamente um acontecimento ruim; ao contrário, essa abordagem defende que o conflito tem um grande potencial de ser mais uma força motriz para o crescimento da empresa e uma motivação para o envolvimento dos indivíduos nos processos organizacionais. Esse tipo de visão foi predominante nas empresas a partir dos anos 1950, ficando em evidência até meados da década de 1970.

Já a *visão interacionista*, a mais recente, propõe que os conflitos podem ser, além de pontos positivos, extremamente necessários para manter um grupo viável, autocrítico e criativo, desde que seu impacto seja mínimo e que sua natureza seja boa, não ruim.

___ O PODER DAS RELAÇÕES NO AMBIENTE DE TRABALHO ___

Em toda empresa existem problemas de relacionamento, e não poderia ser diferente: as organizações são formadas por seres humanos, cada qual com suas particularidades, experiências de vida e habilidades, e tudo isso gera conflitos. E conflitos, por sua vez, podem prejudicar o desempenho das equipes e o crescimento das organizações.

O relacionamento entre todos os integrantes desse processo cria a necessidade de troca de informações e de colaboração mútua para o andamento das atividades diárias. Atualmente, as organizações valorizam, e muito, a qualidade dos relacionamentos interpessoais das equipes, enxergando neles o cenário propício para o sucesso. Melhores parcerias resultam em maiores ganhos, e as relações saudáveis são benéficas para todos no ambiente corporativo, atuando diretamente na produtividade e na eficácia das atividades, no apoio entre os funcionários e no respeito geral.

O líder tem um papel fundamental na administração de conflitos e dos próprios relacionamentos, agindo na construção de um ambiente agradável e produtivo, onde prevaleçam a união e a sinergia. O tipo de liderança determinará a gestão e conduzirá o desempenho dos liderados, influenciando os relacionamentos. Mas não apenas o líder é responsável pelo clima favorável; cada colaborador tem sua parte nessa história. O humor, por exemplo, é fator determinante para a aproximação – ou não – entre colegas, podendo causar prejuízos aos resultados esperados.

Quando um problema de relacionamento acontece, é preciso paciência e sabedoria para identificar a causa e resolver o conflito a fim de que o trabalho da equipe não seja prejudicado. Empresas investem bastante em cursos e treinamentos focados na melhoria das relações interpessoais, buscando minimizar os efeitos negativos dos problemas e intensificar a importância de excelentes relacionamentos.

Somos, em essência, seres sociáveis que precisam manter conexões pessoais de forma positiva, e nas empresas são esses relacionamentos que determinam lucros, sucessos e desenvolvimento. Investir nas relações humanas é um dos maiores trunfos das empresas atuais, e a valorização dos colaboradores é uma prática que deve ser constante por parte das lideranças. Os profissionais desvalorizados perdem o foco e diminuem a produtividade, prejudicando a si mesmos e a empresa.

Elemento básico da convivência, a educação é uma prática essencial para construir bons relacionamentos, e, combinada com a franqueza, será responsável por relações mais transparentes e verdadeiras. Adotar uma postura adequada e saber se comportar de acordo com o que o ambiente de trabalho exige, com compreensão e humildade, é ideal para conquistar aliados e conseguir a colaboração dos demais no cumprimento dos objetivos em comum.

> *Somos, em essência, seres sociáveis que precisam manter conexões pessoais de forma positiva.*

A cultura colaborativa começa dentro de você

Para construir uma cultura colaborativa é necessário começar de dentro para fora. E "dentro" significa avaliar-se a si mesmo nessa história toda.

Em regra, nossa cultura organizacional foi forjada para a competitividade e para facilitar os relacionamentos por interesse. Nessa seara ganhamos desafetos e, não raro, inimigos, pelo simples fato de estar onde estamos.

Vamos compreender um pouco sobre esse lado das relações que por vezes nos incomoda.

___ INIMIGOS NO TRABALHO: COMO SE RELACIONAR? ___

No geral, os dicionários trazem as seguintes acepções para a palavra "inimigo": do latim *inimicus* – aquele que não é amigo; adverso, contrário, hostil; adversário militar (e, por extensão de sentido, político, ideológico, religioso etc.).

Portanto, para além de um desafeto pessoal, o indivíduo assim considerado é um grande obstáculo para a construção de relacionamentos confiáveis no ambiente de trabalho.

E como surgem esses inimigos?

Vários fatores podem propiciar o surgimento de adversários dentro das empresas, entre os quais a designação para um cargo de confiança, que pode ser vista como favorecimento a um profissional em detrimento de outros. Algumas vezes, o tempo de permanência na empresa ou a promoção para cargos de liderança podem despertar no outro sentimentos de inveja, vaidade e, consequentemente, a inimizade.

Como lidar com esses "adversários"?

Para conviver e trabalhar com colegas que se tornaram inimigos é preciso ter resiliência – capacidade de lidar com problemas e recobrar-se diante de situações adversas e conflituosas. Com estratégia, procure ter conversas francas e diretas com quem se mostra hostil, tentando entender as razões pelas quais essa pessoa se tornou uma adversária dentro da organização, e, acima de tudo, procure ajudá-la, porém sem criar laços muito estreitos.

O primeiro desafio da liderança de terceira onda: superar a antipatia por quem não gosta de você

Um fato é certo: todo bom profissional, por vezes, tem adversários no trabalho, o que não chega a ser anormal. São raros os que alcançam a unanimidade, e nem sabemos se isso é positivo. Quando alguém se destaca em uma atividade, os demais costumam se incomodar, e isso pode atrair inimigos. Nesse momento, a melhor estratégia será fortalecer a reputação, preservando a imagem e fazendo o trabalho com excelência. Os resultados comprovarão o talento e atrairão, além de adversários, fiéis aliados, que decerto ficarão ao lado de quem fala a verdade, é competente e entrega resultados.

Os relacionamentos de trabalho são não apenas valiosos, mas delicados, e requerem muita habilidade; afinal, ninguém consegue se dar bem com todo mundo, mas, com influência e maturidade, é possível conquistar aliados importantes no caminho para o sucesso.

Um passo positivo em relação aos inimigos é enxergá-los em sua dimensão humana, com qualidades e defeitos; evitar ofensas e fofocas demonstra maturidade e disponibilidade para enfrentar a pessoa e os conflitos que ela possa causar; enxergar um problema sob a óptica de seu inimigo também é uma atitude que pode revelar quanto ele está errado, pois quando você considera todas as perspectivas, consegue agir mais assertivamente.

Quando se trata de inimigos, manter o profissionalismo é, ao mesmo tempo, uma dificuldade relacional e um grande desafio para mostrar à empresa que você é um profissional completo, honesto e correto, que busca agir com respeito e reciprocidade. E reciprocidade não significa responder ao inimigo na mesma moeda; ao contrário, significa manter a calma, não se render às provocações e muito menos se envolver em brigas ou discussões. Mas é claro que em determinados momentos ser firme e marcar posição é necessário em situações de conflito.

___ ESCOLHA AS BATALHAS (EMPENHOS DE ENERGIA) COM SABEDORIA ___

Nos ambientes corporativos o grau de competitividade é mais alto do que em outros, e a busca por reconhecimento e conquista de espaço gera batalhas entre funcionários. Porém, mesmo em um mercado competitivo, manter a ética, o respeito e o autocontrole é fundamental para o bom profissional, que tem caráter e valores muito bem definidos. Gosto de associar a palavra batalha mais a um empenho de energia e menos a uma luta em que há vencedores e perdedores. A batalha profissional está lançada, cabe a você fazer a melhor escolha.

Isso não é fácil na liderança de terceira onda, pois o ser humano tem dificuldade em lidar com o contraditório, mas a grande prova do líder é construir algum nível de cooperação ou colaboração com pessoas que não vibrem na mesma sintonia.

O teste de liderança é ajustar-se primeiro ao seu ecossistema quando ele apresenta distanciamento, desconfiança, egoísmo e disputas.

Para conquistar o sucesso na liderança, o indivíduo precisa lidar com suas emoções e com as do outro, bem como aceitar o comportamento alheio com flexibilidade e inteligência, priorizando sempre que possível a harmonia.

Para os relacionamentos não se transformarem em guerras organizacionais, o papel de cada funcionário precisa ser claramente definido pelo líder, o que torna a competitividade bem mais saudável e coloca o respeito mútuo como prioridade.

A conectividade, por exemplo, pode ser uma aliada na batalha pelo mercado, tornando-se um diferencial competitivo quando o assunto é comunicação. Estar conectado significa obter mais conteúdo, desde que o tempo utilizado na internet otimize a produtividade. O tempo de trabalho, inclusive, está se tornando cada vez mais flexível e sendo determinante para a motivação profissional.

Somado ao autoconhecimento, fundamental para se estabelecerem fortes relações interpessoais no trabalho, o conhecimento do ambiente se mostra uma ferramenta proveitosa para embasar táticas de relacionamento e de superação de crises, e para identificar o momento certo de agir perante os desafios organizacionais.

Quando a batalha profissional está em curso, cada vitória é heroica, e nas empresas vivemos batalhas todos os dias, sejam elas simples ou mais acirradas. Escolher a melhor batalha (empenho de energia) é avaliar quais são os pontos cruciais a ser explorados ou mais bem articulados, e o que precisa ser feito para que a melhor solução seja encontrada.

E para superar desafios e encontrar soluções, ter importantes aliados é um passo certeiro rumo ao sucesso. Quando você conquista um grupo de apoiadores, é mais fácil fazer com que comprem suas ideias, ensinando e aprendendo com os demais.

Viver em sociedade – notadamente no trabalho – exige jogo de cintura, boa dose de gentileza e muito conhecimento daquilo que somos, mantendo sempre a coerência entre nossos objetivos e valores. Por exemplo, se um projeto requer de você posturas com as quais não concorda, e você será o único responsável por escolher qual batalha travar, avalie se o comportamento exigido é aceitável ou não.

Lidar com o lado cínico ou hipócrita é uma circunstância que precisa ser enfrentada em determinadas situações corporativas. Ter malícia é diferente de ser maldoso. Dentro da empresa, pode-se aceitar um colega como inimigo e mesmo assim não querer destruí-lo.

Porém, em batalhas não existe escolha sem renúncia, não existe decisão sem perda, mesmo que admissível. Por isso, é possível ter vida pessoal e carreira alinhadas com verdades interiores, mas as recompensas financeiras podem sofrer mudanças ao longo da trajetória devido às escolhas feitas, e cabe a cada um calcular perdas e ganhos. Afinal, os conflitos no trabalho são inevitáveis, e o segredo é decidir quando vale a pena encará-los abertamente.

> *Ter malícia é diferente de ser maldoso.*

Antes de confrontar colegas de trabalho, você precisa analisar cada situação específica para avaliar se é importante ou não entrar em conflito, e as duas opções têm lados positivos e negativos. Quando se decide por enfrentar uma situação conflitante, é preciso estar pronto para trabalhar por uma solução benéfica para todos.

___ FORMAR ALIANÇAS É UM GRANDE TRUNFO ___

Conquistar aliados, essa é a melhor estratégia para vencer as barreiras no ambiente corporativo, e isso requer, além de habilidade e estratégia, muita honestidade e confiança. Você tem a opção de usar seu poder dentro da empresa para manipular ou para conquistar, e a segunda alternativa é sempre a mais adequada, considerando que a ética é intrínseca às relações humanas.

Alinhando seus interesses com os objetivos coletivos, você vai focar ações que tragam visibilidade para a sua carreira, levando em conta as estratégias da empresa e de seus aliados, beneficiando a todos. Formar parcerias mediante construção e mobilização de uma importante rede de influências é uma escolha inteligente para alcançar o sucesso, desde que suas intenções estejam claras para todos os envolvidos.

Para conquistar parceiros, é necessário descobrir o que cada parte implicada pode ganhar, discutindo benefícios recíprocos e traçando planos de ações estratégicas com honestidade e clareza, respeitando e considerando todos os pontos de vista.

Criar alianças no trabalho é construir – e cultivar – um bom *networking* com pessoas que possam contribuir para o seu crescimento e ajudá-lo na busca pelos objetivos da empresa. Desenvolvendo uma conexão sincera, pessoal, compreensiva e de empatia com seus colegas de trabalho, vai ser bem mais fácil todos se ajudarem sem que nem mesmo você precise pedir.

Ao construir uma aliança forte e alicerçada pela confiança, você passa a entender cada um dos aliados e recebe deles esse entendimento compartilhado, assim as necessidades serão previstas e os projetos seguirão adiante com ampla colaboração.

Algumas atitudes podem contribuir com essa construção de alianças, como oferecer ajuda e se mostrar pronto para auxiliar sempre que necessário, dedicando seu tempo, atenção e conhecimento em prol do outro. Reconhecer o valor dos colegas e elogiar é também um ato de fortalecimento de suas alianças dentro e fora da empresa, bem como – e acima de tudo – sempre se lembrar de agradecer por tudo o que lhe foi oferecido.

Quando se tem bons aliados na busca das melhores soluções, fortalece-se o relacionamento interpessoal de toda a equipe e impulsiona-se a todos rumo à vitória da empresa. Se os integrantes do seu grupo são aliados, eles se dedicam mais e passam a enxergar o trabalho diário como uma ferramenta para as conquistas coletivas e pessoais, porque, além de ser seus aliados, os funcionários são aliados entre si.

___ COMO FORTALECER AS RELAÇÕES NO TRABALHO ___

A produtividade da equipe está diretamente ligada aos relacionamentos construídos e mantidos dentro do ambiente organizacional. Sendo líder ou liderado, você precisa criar vínculos e se relacionar de forma amigável e honesta com todos ao redor, cultivando novos aliados e mantendo as velhas e boas alianças.

Para tornar a convivência prazerosa, empatia e cordialidade são fundamentais, assim como autoconhecimento, qualidades que lhe permitirão relacionar-se melhor a cada novo aprendizado na vida pessoal e profissional. Pessoas passam mais tempo no trabalho do que em casa, e exatamente por isso é essencial criar laços sólidos, o que será vital para a sua carreira e para o sucesso da organização.

É verdade que atitudes negativas, como hipocrisia e cinismo, fazem parte das relações diárias no ambiente de trabalho, e pessoas desonestas, individualistas, ambiciosas e mentirosas existem em quase toda empresa. A diferença está em como você as encara e que postura pode assumir para evitar que esses perfis profissionais destruam o bom andamento dos relacionamentos dentro da equipe. A iniciativa de fazer que todos sejam aliados já é um bom começo, seguida da liderança que almeja mudanças de conduta com práticas diárias nas quais prevaleçam a franqueza e o aprendizado mútuo.

O cinismo, por exemplo, pode destruir as conexões que conduzem a organização a um bom funcionamento, e pode até mesmo dominar as relações interpessoais para comprometer o sucesso da empresa e de seus funcionários.

Além desses aspectos, você, na busca por aliados, pode deparar com pessoas que não gostam do seu trabalho ou do seu perfil, e isso é inevitável. Mas se você coloca seus objetivos profissionais como prioridade e trata o relacionamento com esse tipo de colaborador como impessoal, sua maneira de encarar os fatos será diferenciada.

Dentro ou fora do mundo corporativo, ninguém é obrigado a gostar de você, mas sim a respeitar o seu trabalho, agindo com profissionalismo e educação. E assim como criar laços de amizade é motivador e favorece a produtividade, a maturidade é essencial para que se separe o lado pessoal do profissional, evitando confrontos desnecessários.

Reconhecer aspectos positivos em quem não gosta de você é uma boa atitude para mostrar que tem plena ciência de que a empatia e a amizade são escolhas, mas a manutenção de um bom relacionamento profissional é uma obrigação. Você pode não ter a simpatia de determinada pessoa, mas é capaz de ver nela virtudes. Tal postura vai, além de desarmar o inimigo, mostrar que a sua maturidade está acima de qualquer desentendimento no ambiente de trabalho.

Melhor do que lamentar o fato de que alguém não gosta de você dentro da empresa é descobrir o que pode aprender com essa situação, passando a conviver harmoniosamente com todos durante a rotina de trabalho. Evitar brigas, valorizar pensamentos diferentes, justificar suas decisões e reconhecer que você pode falhar são atitudes sábias para se ter um bom relacionamento em um ambiente que possui divergências. Deixe claro o porquê de você ter sido escolhido para ocupar um cargo de liderança; prove que o seu valor profissional faz diferença para o sucesso da empresa; esteja presente para orientar, aprender e também contribuir, e isso inclui superar obstáculos. É impossível agradar a todo mundo, mas é perfeitamente viável esforçar-se para criar relacionamentos saudáveis, duradouros e benéficos.

___ OS QUATRO COMPORTAMENTOS DA TERCEIRA ONDA ___

Mapeamos quatro comportamentos que a liderança poderá identificar para trabalhar a evolução atitudinal em um ambiente de colaboração e ajuda mútua.

COLABORATIVO
- *Envolver-se para resolver a questão e encontrar uma solução que contente a todos.*
- *Debater com elegância e respeito.*
- *Ser capaz de abrir mão de ideias quando enxerga outro ponto de vista mais coerente.*
- *Saber argumentar e influenciar para a mudança do outro.*
- *Pensar no bem maior.*

COMBATIVO
- *Perseguir os próprios interesses independentemente dos outros.*
- *Querer ganhar de todo jeito.*
- *Não gostar de ser contrariado e de abrir mão de ideias e posições.*
- *Usar de comunicação ameaçadora ou violenta.*
- *Envolve-se emocionalmente.*

RENDIÇÃO
- Negligenciar os próprios interesses pelo outro.
- Querer "ficar bem" com todos.
- Achar que discutir é ruim e não gostar de desarmonia.
- Ser sensível e caridoso.
- Sempre abrir mão de suas convicções para não criar problema.

FUGA
- Evitar o conflito.
- Evitar se expor.
- Ter medo de tomar posições e perder cargo e poder.
- Encontrar desculpas verdadeiras, culpar outros e esquivar-se de soluções.
- Interagir fugindo da questão, trazendo outros problemas e outras situações.

___ PACTOS ENTRE ÁREAS ___

Os pactos organizacionais

Em meu livro *Flua*, estratifico por completo o fator dos pactos em nossa vida pessoal e como isso gera padrões que, querendo ou não, influenciam-nos no dia a dia. Mas, da mesma forma que temos nossos acordos pessoais, uma organização só existe por causa de um acordo ou, como gosto de nominar, de um **pacto**.

Pacto é um trato baseado em pontos comuns e com os quais duas ou mais pessoas concordam. Mesmo nas organizações, os pactos podem existir de forma consciente ou inconsciente. Mas antes de me aprofundar nessa questão, gostaria de mostrar que existe um elemento crucial e decisivo nessa relação: o sentimento ou o motivo que leva ao estabelecimento de um acordo ou pacto.

Um amigo deixou determinada empresa muito magoado. Assim, ele decidiu dar a volta por cima e, com uma reserva financeira considerável, abriu um negócio próprio. Quando iniciou suas operações, o acordo íntimo que ele estabeleceu era de ser guerreiro e lutar para vencer. Isso esteve bem presente em sua forma de trabalhar e também nos princípios que regiam a empresa. Com o passar do tempo, esse amigo começou a enfrentar uma série de problemas. Primeiro, com os colaboradores, pois ele sempre contratava pessoas guerreiras. (Peço desculpas a quem gosta dessa palavra, mas a verdade é que guerreiros fazem guerra. Isso é inevitável.) Portanto, a empresa era um campo de batalhas, primeiro entre as pessoas, segundo com clientes e fornecedores. Todo mundo queria tirar vantagem. Quem construiu toda a realidade e cultura na empresa? O pacto pessoal de meu amigo, que tinha que se tornar alguém e provar inúmeras coisas para as pessoas. Isso tornou-lhe a vida pesada a ponto de ele adoecer com o negócio.

Pactos em organizações se referem à capacidade de uma pessoa de ajustar-se com outra quanto a algo que influencie positivamente a sinergia entre ambas e com aquelas afetadas por suas ações. A resistência a essa adesão surge de necessidades geralmente fundamentadas em defesa ou proteção. Os pactos são acordos que funcionam para dar segurança e quebrar o movimento de egoísmo, determinando uma nova vibração energética nas relações. Quando temos um interesse genuíno de querer ajudar o outro, o outro tende a querer fazer o mesmo. Sendo assim, mais fácil fica fazer um pacto que traga ajuda mútua.

A realização de um pacto responde a duas simples perguntas para ambas as partes:

1. O que é preciso que eu ou minha área façamos para que o seu trabalho tenha um fluxo positivo?

2. O que é preciso que você ou sua área façam para que o meu trabalho tenha um fluxo positivo?

O acerto "contratual" entre ambos determina uma nova forma de trabalhar em espírito verdadeiro de colaboração.

Organizações que conseguem fazer as áreas colaborarem têm velocidade de resposta e isso muda todo o jogo do negócio.

O ponto mais importante da liderança fluida de terceira onda é manter o todo unido e sinérgico durante episódios de conflitos ou egoísmo.

Quando um líder de terceira onda depara com disputas entre duas áreas, seu papel envolve construir um ambiente que quebre resistências e medos e desenvolva a compreensão. Veja na figura a seguir um processo que fomenta a liderança assertiva, humanista e catalisadora durante a gestão de um conflito entre duas partes.

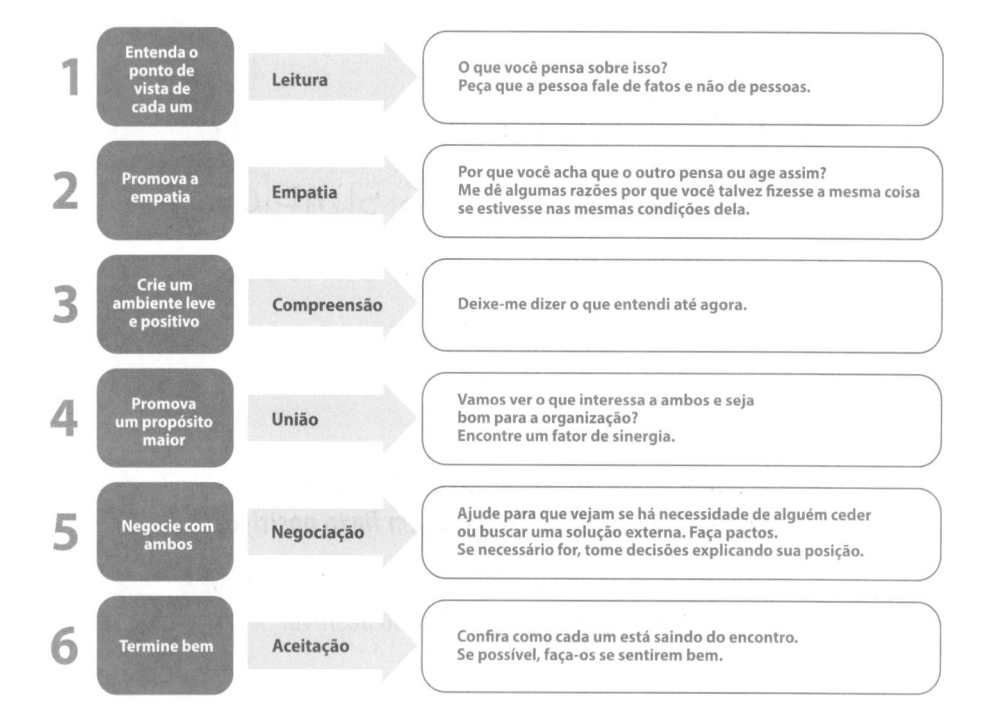

#	Ação	Etapa	Perguntas/Orientações
1	Entenda o ponto de vista de cada um	Leitura	O que você pensa sobre isso? Peça que a pessoa fale de fatos e não de pessoas.
2	Promova a empatia	Empatia	Por que você acha que o outro pensa ou age assim? Me dê algumas razões por que você talvez fizesse a mesma coisa se estivesse nas mesmas condições dela.
3	Crie um ambiente leve e positivo	Compreensão	Deixe-me dizer o que entendi até agora.
4	Promova um propósito maior	União	Vamos ver o que interessa a ambos e seja bom para a organização? Encontre um fator de sinergia.
5	Negocie com ambos	Negociação	Ajude para que vejam se há necessidade de alguém ceder ou buscar uma solução externa. Faça pactos. Se necessário for, tome decisões explicando sua posição.
6	Termine bem	Aceitação	Confira como cada um está saindo do encontro. Se possível, faça-os se sentirem bem.

O grande papel articulador da liderança de terceira onda é transformar conflitos em colaboração e com isso fomentar ambientes de possível sinergia.

Tudo começa com entender o ponto de vista de cada um e levar as partes a enxergar outros ângulos da questão. Isso é crucial para tirar as pessoas do lugar de defesa (mesmo que, ao final, estejam certas). Ao fazer que cada um fale sobre o que o outro pensa, a liderança estará promovendo empatia.

Ao considerar os pontos de vista e permitir que todos o façam, é preciso mostrar entendimento da situação. As partes tendem a relaxar quando veem uma compreensão muito clara do líder, o que pode até eximi-lo da necessidade de arbitrar a questão.

Mas é natural que as partes queiram um posicionamento da liderança, e o que recomendo sempre é trazer uma perspectiva do todo antes de qualquer solução. O papel da liderança nesse momento é encontrar um propósito maior que o das partes, criando assim uma meta mais elevada e nobre a se alcançar. Esse propósito maior passa a ser naturalmente um elemento de sinergia.

A partir desse ponto, negociar é o procedimento para movimentar a energia. Negociação envolve barganha, concessão, avanço, e aqui entram aqueles comportamentos da terceira onda: colaborativo, combativo, o da rendição e o da fuga. A liderança de terceira onda precisa entender que discernimento é tudo nessa hora, e lavar as mãos diante do problema não é uma boa medida. Às vezes será necessário intervir e influenciar os acordos, às vezes não. O importante é a clareza das decisões e do pacto final em prol de algo maior.

Não é raro o acordo gerar algum ressentimento, por isso é importante a liderança conferir como cada parte está se sentindo após o ajuste, para depois analisar se precisa dar apoios ou ter mais conversas em particular.

A liderança fluida de terceira onda é uma liderança integradora, capaz de empatizar com cada parte e movimentar as pessoas de seu mundo para o mundo do outro. Esse modo de agir facilita o entendimento da situação e a tomada de decisões que sejam claras e justas, ainda que eventualmente duras.

Ao se estimular a prática da escuta com o diálogo, criam-se condições para um engajamento cívico. A partir do engajamento das partes, a sinergia tem grande chance de ser alcançada.

> *A liderança fluida de terceira onda é uma liderança integradora.*

___ RESUMO DO CAPÍTULO ___

Liderança fluida de terceira onda é promover a sinergia.

A base da sinergia é a colaboração.

Uma cultura de colaboração é alcançada por meio de empatia compassiva, biovisão e escuta conectiva.

Propósito comum serve para unir intenções, formar times e minimizar conflitos.

Pessoas colaboram quando evoluem em suas atitudes por meio de pactos de trabalho e ajuda mútua.

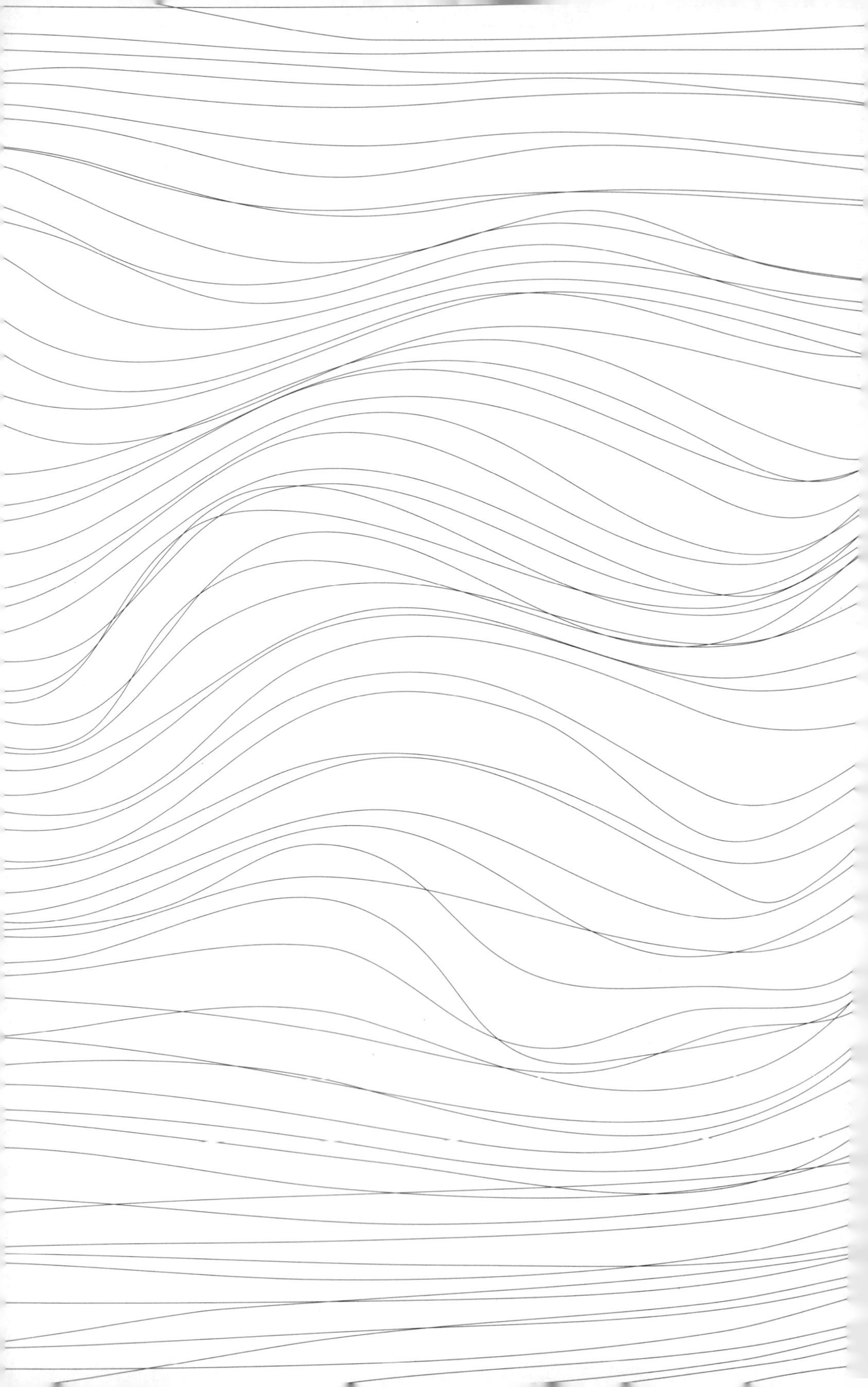

CAPÍTULO 6

QUARTA ONDA
SENSO DE INOVAÇÃO

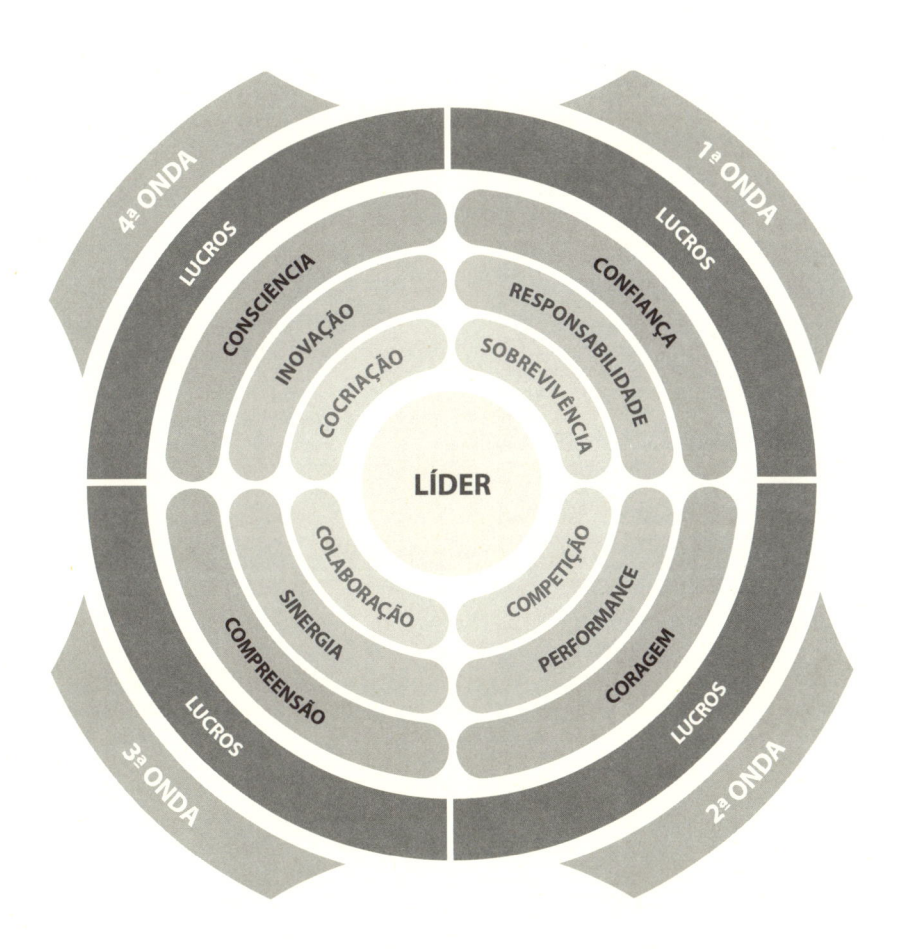

Quase 100% da inovação é inspirada não por análises de mercado, mas por pessoas insatisfeitas com o estado atual das coisas.

Tom Peters

Antes de iniciar o aprendizado sobre a liderança de quarta onda, responda a esta pesquisa sobre os desafios que se referem a este estágio.

Sua organização incentiva novas ideias?	Alto	Médio	Baixo	Nada
As áreas costumam se reunir para buscar soluções?	Alto	Médio	Baixo	Nada
Há muita criatividade na sua área?	Alto	Médio	Baixo	Nada
As pessoas da sua equipe são abertas a mudanças?	Alto	Médio	Baixo	Nada
Vocês têm um ciclo de melhoria contínua?	Alto	Médio	Baixo	Nada
O ambiente é aberto para se experimentar o novo?	Alto	Médio	Baixo	Nada
Você dá espaço para as pessoas criarem?	Alto	Médio	Baixo	Nada
Você tem método para buscar inovação?	Alto	Médio	Baixo	Nada
Seu time gerou muitas ideias novas no último ano?	Alto	Médio	Baixo	Nada
A inovação gerada trouxe dinheiro novo?	Alto	Médio	Baixo	Nada

___ O LADO SOMBRA DA QUARTA ONDA ___

Risco 1: Nem tudo é inovação!

Carlos Brito, presidente da AB InBev, num evento anual com 3 mil pessoas, perguntou: "Se vocês pudessem trabalhar numa área que só faz coisas novas, bacanas, quantos de vocês gostariam de ir para lá?". Então todo mundo gritou, vibrou. Brito voltou à carga: "E se vocês pudessem trabalhar numa área que representa 95% dos ganhos da companhia?". A turma teve a mesma reação. Ele disse: "Olha, não dá. É incompatível. O que quero dizer é que a gente tem de trabalhar no *core*, que representa 95% do nosso lucro, e não podemos tirar o foco dali. Mas tem uma areazinha na empresa, sim, que pensa no futuro. Esse balanço tem funcionado".

Por isso, em muitas empresas, é fundamental entender que não há uma cultura de inovação fortemente focada quando a execução é o papel-chave. Entender essa dinâmica facilita não cair no erro de introduzir inovação em áreas em que ela não é a matriz mais importante do trabalho.

Risco 2: Falta de pé no chão

Você conhece pessoas do tipo "hellman's tour"?

Hellman's vem da marca da maionese, e *tour* vem do termo inglês para viagem. Então, "hellman's tour" é o líder especialista em viajar na maionese. Há muitas pessoas que não se envolvem profundamente em nada, não se conectam com a realidade e depois propõem ideias completamente "viajantes" que, na hora da prática, não funcionam.

Muitas empresas têm perdido tempo e dinheiro com planos mirabolantes e sem viabilidade prática. Por que isso acontece? Simples. Porque existem pessoas que não estão vivendo a realidade do negócio. Geralmente ficam em suas salas, confortáveis, "viajando" em busca de palavras bonitas ou metas idealizadas para elaborar seus planos.

É natural que se criem protótipos ou se teste um produto minimamente viável, mas é comum ver pessoas fazendo coisas sem a menor noção de como torná-las reais.

Risco 3: Inovar para dentro ou por medo

Há organizações que, apavoradas, metem-se a forçar inovações pela pressão e receio de ficar de fora da jornada evolutiva de seu mercado. Em muitos desses casos, não se vê um foco verdadeiro nas necessidades de clientes e parceiros, mas um olhar para dentro, para a própria necessidade de sobrevivência. Esse comportamento organizacional espelha um lado de primeira onda pelo viés negativo.

__ O DESAFIO: DIFERENCIAR-SE __

A evolução dos processos de produção possibilitou o desenvolvimento e a diversificação da indústria e, consequentemente, dos bens por ela fabricados. Além de mais opções de produtos a se consumir, o crescimento industrial permitiu o surgimento de grandes cidades e, dessa forma, criou-se a necessidade de se oferecerem serviços aos seus habitantes, como restaurantes, cabeleireiros, lojas de departamentos, farmácias etc.

Atualmente, são muitas as alternativas de bens de consumo, mas, na maior parte das vezes, as empresas oferecem basicamente os mesmos produtos e serviços, com pouca diferença entre eles. Para se distinguir no mercado, é preciso fazer algo a mais, oferecer vantagens e benefícios que a concorrência não possui ou criar algo novo para que uma nova demanda surja. Contudo, para atingir tal objetivo e se destacar na multidão, é preciso pensar "fora da caixa", diferenciando-se dos demais.

Como capacitar o cérebro a ter ideias novas? Que atividades podem estimular uma equipe a pensar em conjunto e desenvolver novos conceitos? É possível se destacar num mundo tão homogêneo? As respostas para essas perguntas podem ser encontradas no que veremos a seguir.

__ A TRAVA: O PENSAMENTO CARTESIANO __

Durante a Idade Média, entre os séculos 5 e 15, Deus era visto como o centro de todas as coisas e os países eram governados por reis que concentravam o poder exclusivamente em suas mãos. As artes e o pensamento humanos da época seguiam o que a Igreja Católica pregava ser a verdade. A religião era a única forma de pensamento existente e ninguém poderia contestá-la.

No início do século 15, no entanto, por mais força e poder que a Igreja pudesse ter naquele momento, artistas, filósofos e cientistas passaram a contestar as ideias impostas pela instituição religiosa, modificando a forma como desenvolviam seus trabalhos. Assim, despontava uma nova maneira de agir e de pensar na história da humanidade, que ficou conhecida como Renascimento.

Nesse contexto de revolução do pensamento, surgiu quem hoje conhecemos como o pai da filosofia moderna, o pensador, físico e matemático francês René Descartes. Num mundo onde muito do pensamento filosófico e da ciência era regido pela Igreja, Descartes propôs que as pessoas devessem duvidar de todas as conclusões e só aceitar aquelas que fossem certas e irrefutáveis, ou seja, o que já fora totalmente comprovado como sendo o correto.

Como exemplo de conclusão irrefutável podemos citar o fato de sabermos que, para se apagar o fogo, não se deve jogar produtos inflamáveis, como álcool ou gasolina. Se utilizarmos um desses produtos para tentar conter um incêndio, a situação se agravará enormemente. Não há como contestar esse fato, pois as experiências passadas e testes realizados já mostraram que esse procedimento não diminui o fogo, muito pelo contrário. É uma verdade que não se pode discutir, pois está totalmente comprovada.

Por outro lado, como exemplo de uma verdade da qual é preciso duvidar, está o fato de que, com o aquecimento global e o derretimento do gelo nos polos da Terra, o nível dos mares irá subir e todas as cidades litorâneas, como Rio de Janeiro e Santos, serão inundadas. Muitos cientistas acreditam nessa afirmação, contudo não há provas de que seja totalmente correta ou a única verdade possível.

O argumento dos especialistas que não acreditam nessa asseveração é de que o ser humano ainda não conhece plenamente o funcionamento dos oceanos, sua relação com as fases da lua ou a razão pela qual a temperatura ou algumas correntes marítimas mudam, às vezes de modo repentino. Por esse motivo, não é certo afirmar categoricamente que o derretimento das calotas polares causará a elevação do nível do mar e, muito menos, que cidades litorâneas serão inundadas. São necessários muito mais estudos para se fazer tal afirmação.

Portanto, alguns conhecimentos científicos são indiscutíveis, pois foi possível comprová-los e não há mais questionamento sobre sua verdade. Em relação a outras proposições, no entanto, ainda restam dúvidas, por isso não podem ser consideradas conclusões absolutas, e o ser humano deve continuar a busca por sua verdade até que esta se torne irrefutável. Esse pensamento de duvidar de tudo o que não é comprovado e sempre buscar a resposta concreta é conhecido como método cartesiano, e influenciou muito a filosofia ocidental.

Para Descartes, a experiência da vivência humana não basta para que uma afirmação seja verdadeira. Não é por que algo sempre foi de um jeito que há 100% de certeza de que sempre será assim. Um exemplo é a exploração dos recursos naturais do nosso planeta pelos seres humanos.

Há alguns séculos, parte dos cientistas acreditava que todos os recursos naturais na Terra eram inesgotáveis. A humanidade poderia desperdiçá-los quanto quisesse, pois sempre haveria mais para suprir a demanda. Inicialmente, era o que parecia ser verdade, já que jazidas de ouro, de prata ou de cobre, por exemplo, costumam proporcionar anos de produção até se esgotarem. E assim que o material explorado se extinguia, as pessoas exploravam outros lugares em busca de mais materiais, encontravam-nos e continuavam a retirá-los da terra, até que os recursos se acabassem novamente. Esse processo continuou até que outros cientistas perceberam que os recursos não duravam eternamente e que, se a humanidade não fizesse um uso controlado e consciente desses bens, um dia eles poderiam acabar.

Mesmo que façam parte da nossa experiência, sempre temos que olhar para os fatos como se fosse a primeira vez. Tomemos como exemplo a realização de palestras motivacionais para empresas. O formato e o tema propostos podem ter sido aceitos com sucesso nas primeiras apresentações, no entanto é sempre bom nos questionarmos, a cada nova exposição, se o conteúdo está de acordo com o público que vai assisti-la e com o tempo disponível; se precisamos fazer adaptações e acrescentar novos conteúdos ou exemplos. O importante é não aceitar o que já temos como a nossa verdade absoluta.

__ ALGORITMOS, INTELIGÊNCIA ARTIFICIAL, ROBÔS E COMPUTADOR QUÂNTICO VÃO MUDAR TUDO O QUE ENTENDEMOS COMO REALIDADE __

Vivemos avanços na indústria e não sabemos a que nível ela chegará diante de tantos fatores exponenciais disponíveis para a alavancagem de qualquer tipo de negócio. Entramos na era do "tudo é possível".

O ambiente de negócios do futuro será de autoexperimento contínuo e de uma completa disruptura dos modelos dos últimos cem anos.

Estamos diante de um cenário de transformações que colocará o ser humano em condições inimagináveis, onde poderemos chegar a ver, entre outros avanços:

- *o fim da fome;*
- *o fim do dinheiro;*
- *o fim do desemprego;*
- *o fim da corrupção;*
- *o fim do trabalho como o conhecemos;*
- *uma era de abundância;*
- *pessoas explorando potenciais;*
- *pessoas trabalhando por vocação e vontade;*
- *governos mínimos e eficientes;*
- *mercados regulados por um novo sistema multi-interligado;*
- *um mundo sem fronteiras;*
- *meios de transporte de altíssima velocidade levando pessoas de um lado a outro do mundo;*
- *seres humanos vivendo mais de duzentos anos com saúde;*
- *exploração do espaço.*

Todo movimento da liderança de quarta onda envolve estabelecer uma cultura efetiva de inovação e um modelo mental aberto de aprendizado contínuo.

> *O ambiente de negócios do futuro será de autoexperimento contínuo.*

COMO APLICAR UMA LIDERANÇA DE QUARTA ONDA

O desafio da liderança de quarta onda é conduzir uma área, departamento ou organização a um futuro promissor e positivo.

Existem duas formas primárias para se movimentar uma organização: pelo passado e/ou pelo futuro. Passado representa os problemas que ela vive agora, colhidos por decisões e modelos anteriores adotados ou mesmo fatores externos que evoluíram a ponto de impactar negativamente a realidade atual. O futuro representa as oportunidades de se construir algo novo, inédito, a partir de elementos que nunca foram utilizados.

Modelo da liderança de quarta onda

- Olhar as normoses
- Olhar para o futuro
- Olhar da 4ª onda
- Problemas
- Oportunidades
- Pergunta de ruptura
- Ambiente circular de 4ª onda
- Método para pensamentos divergentes
- Encontrando soluções pelo pensamento convergente

INOVAÇÃO E CRIATIVIDADE

Muitas pessoas confundem inovação com criatividade. Inovação é dinheiro novo. Representa qualquer movimento que traga resultados positivos de um modo inteiramente inédito. Inovação é um processo. Criatividade é a atitude, é o talento, algo inato. A criatividade é necessária para que ocorra uma inovação, em grande parte das vezes.

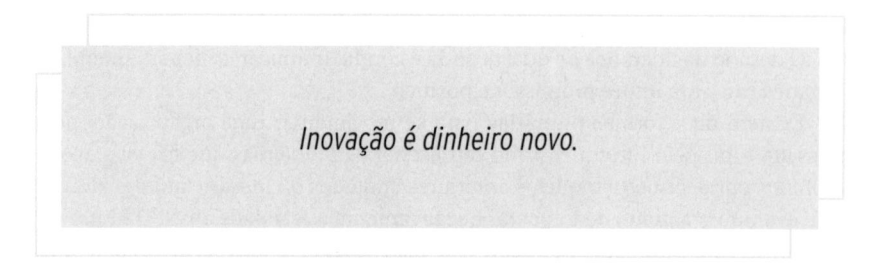

> *Inovação é dinheiro novo.*

__ AS NORMOSES ORGANIZACIONAIS __

Uma forma de a liderança se movimentar para o futuro é olhar para sistemas e procedimentos que impedem ou travam a organização, fruto de decisões tomadas no passado, e aos quais as pessoas estão acostumadas e entendem como "normais".

Normose é a patologia da normalidade. É a convivência diária no trabalho, a tomada maquinal de decisões, é produzir, distribuir ou vender bens ou serviços sem se preocupar com o futuro, fadando-os ao desaparecimento num curto espaço de tempo.

São três as razões básicas para as normoses organizacionais:

1. *Manter tudo como está quando as coisas estão indo bem.*
2. *Acomodar-se quando não há ameaças ao negócio ou produtos/serviços.*
3. *Amedrontar-se quando há crises, o que leva ao conservadorismo.*

O custo de não inovar

Muitas empresas pagaram com a própria existência o custo de não perceberem o momento de romper com práticas antigas ou mesmo aproveitar oportunidades de mudança de mercado. Vejamos alguns casos de normose organizacional.

Durante anos as pessoas tiveram o hábito de ir a uma "locadora" para alugar filmes. Sabemos que isso hoje é passado, mas por que a Blockbuster não percebeu tal mudança? A Blockbuster era uma companhia gigante e com uma grande e fiel clientela. E mesmo assim, morreu em pouquíssimos anos, quase de maneira surreal. As pessoas deixaram de alugar DVDs para assistir a filmes, séries e programas pelo serviço de *streaming* sob demanda, como Netflix e Net Now. O que espanta é o fato de a companhia ter podido comprar a Netflix em 2000 e não o ter feito. Na época, a Netflix era um serviço de delivery de DVDs. No fim das contas, a empresa faliu em 2013.

A Kodak era uma famosa multinacional com uma marca extremamente forte, líder de seu setor. Nos anos 1970, a companhia chegou a ser responsável por 80%

das vendas de câmeras e 90% das de filmes fotográficos. Na mesma década, a própria empresa inventou o que viria a decretar a sua falência: a câmera digital. Ocorreu o seguinte: prevendo que a invenção iria prejudicar a venda de filmes, a Kodak optou por engavetar a tecnologia. A decisão mostrou-se totalmente equivocada, pois, mais tarde, as câmeras digitais emergiram no mercado com volume e força e destruíram a companhia.

Em 2005, o Yahoo! era o maior portal de internet do mundo, e chegou a valer 125 bilhões de dólares. Pouco mais de dez anos depois, a companhia foi vendida por 4,8 bilhões para a Verizon. O posicionamento da empresa e a falta de inovação fizeram esse estrago. O Yahoo! poderia ter sido o maior portal de pesquisa da internet, mas optaram por adotar como estratégia ser um portal de mídia. Essa foi a razão pela qual não adquiriram o Google. E, pasme, eles tiveram a chance de comprar a Google por 1 milhão quando era uma *startup*.

O PARC (Palo Alto Research Center) da Xerox tinha o objetivo de criar novas tecnologias inovadoras. Nos anos 1980 e 1990 eles fizeram muitas coisas relevantes: computadores, impressão a laser, Ethernet, *peer-to-peer*, desktop, interfaces gráficas, mouses e muito mais. Steve Jobs só criou a interface gráfica de seus computadores após uma visita ao centro da Xerox, no coração do Vale do Silício. E ele não foi o único a "copiar" essa tecnologia com o intuito de lucrar. Muitos outros o fizeram e ganharam bastante dinheiro com os produtos desenvolvidos no PARC. Mas quem aproveitou muito pouco dessas inovações foi a própria Xerox. Isso é uma prova de que não basta ter um time de inovação dentro da sua empresa criando coisas sensacionais. Inovação também é gestão. Não adianta ter os melhores inovadores na companhia se seus gerentes não conseguem implementar essas inovações.

Outra grande empresa que faliu mesmo tendo se destacado durante certo período foi a RIM, verdadeira inventora do smartphone, no começo dos anos 2000. A companhia chegou a ter mais de 50% do mercado de celulares nos Estados Unidos em 2007. Contudo, em 29 de junho daquele mesmo ano começaria a sua derrocada, com o lançamento do primeiro iPhone. A Blackberry ignorou as tecnologias que o aparelho da Apple estava trazendo, como o *touch-screen*, e julgou que a empresa nunca se tornaria o standard corporativo por não conseguir lidar com a segurança em nível de e-mail empresarial. Mas a Apple dominou o mercado de consumidores pessoas físicas e promoveu o BYOD (*bring your own device*, traga seu próprio aparelho) dentro das empresas. Com isso, o mercado foi redefinido e a Blackberry perdeu tudo.

O mundo está repleto de casos como esses, em que a miopia executiva acabou com negócios inovadores.

Inovar é renovar a existência de uma organização.

Pequenos problemas de normose organizacional que afetam os clientes

Em 2001, quando participava de um workshop em Nova York, comprei uma camisa social e decidi pedir ao hotel que a passasse para poder usá-la. Quando a lavanderia me devolveu a camisa, notei que uma parte dela havia sido queimada. Como não tinha mais tempo para voltar à loja e trocar o produto, apresentei o fato à gerência e imediatamente fui reembolsado pelo valor pago com um cheque do hotel.

No último dia, ao fazer meu *checkout*, peguei a conta, incluí o cheque e completei com dólares, entendendo que seria uma forma de abater do total das despesas. A recepcionista, porém, negou-se a receber o cheque. Intrigado, perguntei a razão da recusa, e ela me respondeu que cheques não eram confiáveis. Ainda mais curioso, mostrei que o cheque fora emitido pelo próprio hotel. Ela me respondeu que as regras ditavam que não poderia aceitar cheques de forma alguma. Bom, não vou dispensar aqui o tempo que gastei com ela, mas o fato é que tive de trazer o cheque para o Brasil e pagar impostos para compensá-lo.

Determinadas regras fazem os clientes de idiotas

O caso citado é um exemplo evidente de como regras malfeitas transformam clientes em completos idiotas. Para a recepcionista e para a empresa, a regra mencionada era absolutamente normal, mas uma normalidade doentia que gera problemas e também insatisfações aos clientes. Uma normose processual.

Certa vez, em um seminário, escutei um CEO contar um caso muito interessante, que seria cômico se não fosse empresarialmente trágico. Ele e a esposa estavam em uma cidade do interior que tinha poucas ou restritas opções de alimentação. Já passava da meia-noite e eles decidiram se dirigir a uma loja de *fast-food*. Chegando lá, encontram a porta fechada. Ele bateu na porta porque viu que ainda tinha muito movimento de funcionários lá dentro e produtos para consumo. Um funcionário apareceu e perguntou o que ele queria. O homem lhe pediu a gentileza de vender dois sanduíches, pois não havia outras opções nas redondezas. O funcionário lamentou, pois os atendimentos já estavam encerrados na loja, mas fez notar que nos fundos havia um *drive-thru*, aberto 24 horas.

Muito alegres, ele e a esposa se dirigiram ao lugar indicado já realizando seus pedidos. Para sua surpresa, a atendente do *drive-thru* respondeu que não poderia atendê-los pelo fato de ele e a esposa não estarem de carro. Você pode imaginar quão aborrecido ele ficou com a moça. Mas durante a discussão, apareceu um jovem com a namorada em uma camionete e ofereceu-se para ajudar, sugerindo ao homem que se sentasse na parte de trás do veículo. Assim que ele o fez, a atendente providenciou o pedido dos sanduíches.

Veja o tamanho da estupidez processual que se manifestou nessa cena.

Tarefa da liderança de quarta onda para enfrentar a normose

A primeira lição e tarefa da liderança de quarta onda é mapear as normoses e incentivar seus liderados a identificá-las, além de fazer um quadro de sua ocorrência, para uma avaliação e discussões.

Existem diversos tipos de normose, entre os quais:

- *executiva*
- *decisória*
- *de regras e políticas*
- *processuais*
- *de vendas*
- *de sucesso*
- *de cultura*
- *de comportamento*
- *de posicionamento*
- *de marca*
- *de identidade*

Problemas atuais podem, por vezes, ser fatores ligados a normoses. Por isso, uma forma de se orientar para o futuro é tratar os problemas a partir de seu histórico até o presente. Ou seja, resgatar o passado é também uma maneira de se alinhar à quarta onda.

__ OLHAR PARA O FUTURO __

Outra forma de trazer inovação é olhar para um futuro de possibilidades que reúnam condições para a criação de um produto inédito, um serviço nunca pensado ou um processo ou ideia transformadores.

Vislumbrar o futuro sem olhar para o passado é uma rara habilidade que, com o passar do tempo, deixará de ser. É responder a uma pergunta: O que é possível?

Colocar em dúvida questões já preestabelecidas não foi um ato revolucionário apenas para as ciências. Muitas grandes empresas surgiram apenas porque seus donos resolveram ter outra visão sobre seus trabalhos.

> *Vislumbrar o futuro sem olhar para o passado é uma rara habilidade que, com o passar do tempo, deixará de ser.*

Um grande exemplo de pessoa que pensou diferente e, por esse motivo, construiu um grande império foi o norte-americano Earle Dickson.
Na década de 1920, Dickson era casado com a dona de casa Josephine Knight e trabalhava como comprador de algodão na fábrica Johnson & Johnson. Sempre que chegava em casa, ele percebia que a esposa, ao cuidar dos afazeres domésticos, sofria pequenos machucados com frequência, como cortes superficiais ou queimaduras leves. Para ajudar a tratar e proteger os pequenos ferimentos, Dickson já deixava prontos curativos feitos com gaze, algodão e creolina, a fim de que sua esposa os utilizasse sempre que preciso. Certo dia, Dickson resolveu mostrar a seu chefe na fábrica a ideia que tivera de pequenos curativos, e assim surgiu o produto que hoje conhecemos como Band-Aid®, e o comprador de algodão chegou à vice-presidência da Johnson & Johnson.

Outra história famosa sobre alguém que resolveu ver o produto que vendia com outros olhos e, dessa forma, criou um produto inovador e muito usado nos dias de hoje, é a da utilização do jeans para confecção de roupas. O jeans foi criado na cidade de Nimes, na França, e por isso, inicialmente, era chamado de "tecido de Nimes", nome que foi abreviado para "Denim" algum tempo depois. Na Europa, esse tecido já era utilizado na confecção de roupas para trabalhadores do campo e por alguns marinheiros italianos, mas sua fama como peça de vestuário popular só começou anos depois, nos Estados Unidos.

Nesse grande país, o vendedor Levi Strauss comercializava o jeans como lona de carroça para mineiros. Ao observar as roupas de um de seus clientes, Strauss percebeu que o tecido de que eram feitas não era adequado para o trabalho que o homem realizava, pois se desgastavam muito rápido. Como sabia da durabilidade e da resistência do produto que vendia para cobrir carroças, Strauss levou o tecido então conhecido como Denim para um alfaiate, que confeccionou uma calça para um dos mineiros, cliente de Strauss. O sucesso da nova peça foi imediato, pois era forte o suficiente para aguentar o trabalho pesado em lugares como uma mina de extração de minérios ou o campo. Dessa maneira, surgiu a tão famosa e utilizada calça jeans.

Quero mostrar com esses exemplos do passado que o pensamento inovador transcende o espaço e o tempo. É importante saber que ideias e atitudes inovadoras não são prerrogativas das grandes mentes desta nossa era, e que esse espírito já habitava os líderes de outrora, que transformaram e criaram coisas fantásticas.

___ O PODER DE UM PROPÓSITO INSPIRADOR ___

Um dos papéis da liderança de quarta onda é ser inquieta e não se conformar com a realidade. Ter uma insatisfação construtiva é essencial para colocar qualquer organização em movimento. Apresento três padrões básicos de leitura de cenários para promover movimentos futuros:

- *Podemos melhorar? Onde?*
- *Alguém faz melhor do que nós? Por quê?*
- *Como podemos fazer algo que nunca foi feito e que maximize nossos resultados?*

Essas perguntas forçam um olhar de "busca por inovação"!

Não é suficiente ter um olhar crítico apenas, mas definir um propósito claro de busca por inovação.

Líderes não devem gerenciar o futuro, mas precisam moldá-lo a partir de sua visão e criatividade.

Bas Verhart, fundador da escola de negócios holandesa THNK, com cinco anos de existência e parcerias firmadas com a prefeitura de Amsterdã, a consultoria McKinsey e a Universidade Stanford (EUA), fez que os alunos de sua instituição não estudassem os clássicos *cases* de negócios, situações vividas por empresas e muito discutidas em cursos de administração. Em vez disso, a escola, que tem como lema o desenvolvimento de lideranças criativas, incentivou os alunos a trabalharem em projetos e problemas reais, para que aprendessem com as experiências.

Segundo Bas, o trabalho vai mudar radicalmente no futuro por causa da automação. Muitos empregos serão ocupados por robôs e teremos de ser criadores de nossos trabalhos. Por isso, é importante que todos os líderes saibam modelar o próprio futuro. Até as crianças deveriam ser preparadas para ser melhores líderes no futuro.

___ PERGUNTA DE RUPTURA ___

Uma pergunta bem formulada pode mudar uma situação, uma organização e o mundo. Seja propondo-se a resolver um problema passado, fruto de uma normose ou não, seja buscando um olhar de futuro diante de uma oportunidade, em ambas as situações requer-se do líder um foco que gere estímulo. A esse foco denominamos "pergunta de ruptura".

A pergunta de ruptura é uma catalisadora de ideias; reúne e organiza as intenções de inovação.

O erro de muitas empresas é não cuidar da ansiedade das pessoas e já promover inovações desestruturadamente. A tarefa da liderança é indagar-se: Qual é a pergunta?

Eu apresento agora, depois de muitas experiências criativas e inovadoras em minha louca vida corporativa, uma maneira de formular essa pergunta que organiza as ideias de forma limpa e clara.

O método DQFP

DQFP significa iniciar a pergunta com "De que forma podemos...".

Veja dois casos clássicos:

- *De que forma podemos deixar uma marca no universo? (Apple)*
- *De que forma podemos acabar com os furos nos pneus de nossos carros? (Surgimento do pneu sem câmara.)*

Eu gostaria de provocar o leitor com singelas perguntas pertinentes a algumas áreas da vida:

- *De que forma podemos fazer alunos aprenderem sem sair de casa?*
- *De que forma podemos acabar com a fome de milhões de pessoas?*

- *De que forma podemos facilitar o acesso das pessoas ao nosso equipamento de ressonância no interior da Índia?*
- *De que forma podemos eliminar as filas na entrada dos hospitais?*
- *De que forma podemos fazer que as pessoas cheguem mais rápido ao seu local de trabalho sem perder tanto tempo no trânsito?*
- *De que forma podemos construir prédios e casas com mais rapidez e limpeza?*
- *De que forma podemos errar menos na contratação de pessoas?*
- *De que forma podemos diminuir os custos financeiros das contas bancárias?*
- *De que forma podemos usar hologramas para comunicação?*
- *De que forma podemos automatizar o RH como um todo?*
- *De que forma podemos diagnosticar precocemente as doenças e curá-las?*
- *De que forma podemos acabar com o câncer?*
- *De que forma podemos ter uma mineração com risco zero?*
- *De que forma podemos eliminar políticos desonestos e corruptos da vida pública?*
- *De que forma podemos simplificar e automatizar serviços públicos?*
- *De que forma podemos tornar puros e orgânicos nossos alimentos contaminados?*
- *De que forma podemos voar sem usar aviões?*
- *De que forma podemos reconstruir regiões e áreas degradadas em pouco tempo e sem muita mão de obra?*

Essas perguntas requerem do líder que ele esteja com as pessoas certas para que investiguem com propriedade.

E as suas perguntas, leitor?

___ ESTÍMULO ___

A ansiedade pela resposta ou solução é um dos principais fatores de obstrução, ou mesmo de autoengano, que podemos criar quando estimulamos ideias em um grupo.

Quando reunimos uma equipe, seja ela de unidade ou transversal, há uma expectativa natural pela busca de soluções. Se uma organização já tem uma cultura contínua de realização desses encontros, certamente saberá entender que tudo tem seu tempo e que os métodos de estímulo são usados com muita propriedade. No entanto, o mesmo não ocorre em organizações que não têm o hábito de promover essa prática.

São quatro os principais erros de uma organização que precisa estimular ideias em suas equipes.

Erro 1: Escolher as pessoas erradas

Muitos líderes cometem o clássico equívoco de achar que todos deveriam participar e estar incluídos nas reuniões. Nem sempre isso é positivo. Há pessoas que não estão engajadas, não têm comportamentos saudáveis, não têm um nível de entendimento do problema ou questão que favoreça o grupo. Portanto, escolher as pessoas certas é fundamental. E pessoas certas não são necessariamente as que trabalham na área a que o assunto em questão diz respeito, mas aquelas que têm sensibilidade e são afeitas ao tema, podendo abranger colaboradores de outros departamentos, clientes, fornecedores ou até pessoas de outras organizações.

Erro 2: Não focar o que realmente importa

Organizações têm muitas demandas, e tempo é um fator crítico para todos. Há uma tendência natural de se querer aproveitar a presença de todos e discutir muitas outras questões que se apresentam também como importantes. No entanto, quando buscamos inovação, ter foco é imprescindível. Saber delimitar claramente a questão e manter-se nela é um desafio para quem conduz ou estabelece as regras do processo.

Erro 3: Conduzir o processo sob pressão ou com pressa

Outro fator que não contribui com as pessoas em situação de inovação tem a ver com desejar celeridade no encontro de ideias. O estímulo às ideias deve ser feito sem pressa ou pressão. Em regra, as melhores ideias não surgem em momentos de tensão, mas de relaxamento mental. Por isso, ter regras, ritmo e uma sequência no processo é saudável desde que a condução não traga elementos que mexam negativamente com as emoções das pessoas, criando ansiedade ou medo.

Erro 4: Classificar ideias antes da hora

Nosso lado crítico tem sua importância, mas ele deve ser deixado completamente de lado quando estamos estimulando novas ideias. O simples expressar de aprovação ou desaprovação, verbal ou gestual, é suficiente para um grupo perceber que está sendo julgado. O risco, quando há julgamentos, é a mente travar e procurar trazer apenas o que não representa perigo de desaprovação. As pessoas vão querer ser politicamente corretas. É necessário que qualquer julgamento fique para depois que todas as ideias tenham sido colocadas para fora.

___ O RISCO DA ACOMODAÇÃO ___

Copiar o que já funciona é uma forma de correr poucos riscos e conquistar um público que já se identifica com algo. Entretanto, mesmo com uma fórmula já testada, não há certeza de que a experiência resultará em sucesso ou que será sempre acertada.

Por que há pouca inovação em algumas organizações? Qual o temor das empresas em fazer algo novo? Por que as pessoas não veem oportunidades com outros olhos? O receio de investir em algo ainda não lançado no mercado pode ser um dos motivos da falta de inovação; no entanto, em muitos casos, parece que as pessoas se acomodam com a atuação de sua empresa no mercado e, assim, não se preocupam em gerar novas ideias para oferecer produtos diferenciados a seus clientes.

A ideia não é, necessariamente, desenvolver produtos revolucionários que possam mudar a forma de viver do ser humano. A busca principal é por pessoas que possam dar sugestões e soluções criativas para que a empresa possa se diferenciar no mercado, seja um produto, um serviço ou uma promoção distintos, algo que possa atrair a atenção, resolver problemas e ganhar a preferência dos consumidores.

Quando se está acostumado a viver segundo o mesmo padrão, sair do comum, algumas vezes, não é uma tarefa muito simples. Para ajudar nesse propósito, é possível adotar algumas atitudes que facilitam a libertação da mente e a criação de novas ideias.

___ AMBIENTE CIRCULAR ___

Para se obter um fluxo de ideias saudáveis, é necessário que abandonemos a estrutura hierarquizada em que um pensa, outro manda, um terceiro conduz e o resto obedece, e sigamos para uma holocracia. Na cultura de quarta onda não há quase nenhuma hierarquia, mas um ambiente circular onde as ideias fluem e ninguém se sente preso, engessado ou inibido por agir, pensar e se expressar. Ideias precisam circular por todo o ambiente construído.

O ambiente circular pode ser físico ou virtual, periódico ou não. Uma vez feita a pergunta de ruptura, é necessário encontrar as pessoas que mais reúnem condições para explorar, estudar e contribuir com ideias que podem se converter em um projeto ou uma mudança transformadores.

John Howkins, pesquisador e consultor britânico, define o contexto de florescimento de ideias como economia criativa, expressão cunhada por ele e que deu título ao seu livro mais famoso. O que fazemos em nossa vida, e a forma como fazemos, define o ambiente cultural nos bairros, nas cidades, países e até em continentes. A economia criativa trata dos negócios que surgem desse contexto, especialmente os relacionados a entretenimento e arte.

Esse conceito está muito ligado às nossas novas necessidades, diz Howkins. "Nossos desejos pessoais estão mudando, assim como nosso sentimento de realização, de colaboração e a forma como nos relacionamos. Como resultado dessa transformação, a economia também está mudando. Seu foco passa de produtos para serviços, de commodities para experiências e de preços fixos para descontos e, até, para o gratuito."

O pesquisador John Howkins ressalta três princípios imprescindíveis para se ter novas ideias, construir ambientes circulares e fazer negócios a partir deles:

1. Todo mundo nasce com imaginação e criatividade; tais características não são especiais.

2. Criatividade requer liberdade para pensar, expressar-se, explorar, descobrir, questionar etc.

3. Essa liberdade precisa alcançar o mercado.

Além disso, Howkins afirma que estudar é, antes de tudo, um processo autônomo, voluntário e contínuo, diferente do modelo de educação vigente, que é compulsório e tem limite de idade, sendo assim um elemento-chave para o surgimento de ideias.

O ambiente circular, sem hierarquia, dá forma a uma equação criativa:

criatividade = estudo + liberdade + adaptação das ideias.

O ambiente circular é ecologicamente criativo, sendo ecologia criativa o contexto social no qual as pessoas têm ideias; é semelhante à concepção de ecologia como ciência, que estuda o relacionamento entre organismos e destes com seu meio. Mas, em vez de nos atermos às relações dos seres vivos, focamos como as ideias circulam na sociedade. É um ambiente, como o econômico, em que são feitos negócios. E precisamos incentivar a ecologia criativa simplesmente porque precisamos de novas ideias.

___ PENSAMENTO DIVERGENTE ___

O mecanismo do pensamento

O mecanismo do pensamento do cérebro humano pode ser descrito como tendo duas partes: uma para o pensamento criativo desinibido e outra para o pensamento analítico ou crítico.

Nossos sistemas e processos educacionais foram, de certa forma, desenhados para que se desenvolvessem mais a função do pensamento crítico, a habilidade para tomar decisões, comparar e avaliar situações, a capacidade de distinguir o certo do errado etc.

O uso dos processos padrão para a resolução de problemas pode ser comparado ao comportamento de quem cava um buraco em busca de algo e, ao não encontrar o que procura no primeiro metro aberto, continua a tirar mais e mais terra até que o buraco fique tão fundo que encubra a pessoa, que, apesar de todo o trabalho e esforço, acaba por nada encontrar.

É sabido que as pessoas têm muito mais habilidades criativas do que imaginam. Na verdade, nosso potencial nesse domínio é latente e, sem dúvida, pode ser desenvolvido bem mais facilmente com estímulos apropriados, favorecendo o pensamento divergente.

Pensamento divergente é o processo mental que nos leva a encontrar o maior número possível de soluções para um problema. Essa capacidade é usada para gerar ideias e resolver algo criativamente, em oposição ao pensamento convergente, que consiste em achar uma única solução apropriada para um problema.

Como pensar divergentemente

Há pessoas que possuem um dom quase natural para a inovação e criação de ideias. A maioria, no entanto, tem dificuldade para conseguir ser criativa e apontar sugestões para novos ou velhos problemas. Quem possui certo bloqueio para inovações, no entanto, pode adotar algumas práticas que ajudarão a estimular a mente e, dessa forma, facilitar o processo de criação.

A liderança de quarta onda não requer que o líder seja a pessoa mais criativa do processo, mas que lidere o pensamento divergente.

Eis algumas sugestões para que você, como líder, ajude as pessoas a expandir horizontes e, por conseguinte, desenvolver a criatividade.

Fuga da rotina

Proporcione atividades diferentes, faça-as conhecer lugares novos e culturas variadas. Estimule caminhadas e novos conhecimentos. O importante é fazê-las sair da rotina e desempenhar atividades que ajudem a mente a se distrair. O ócio também pode ser importante nesse processo, pois ficar um tempo sem realizar uma tarefa importante ou obrigatória é uma forma de liberar o consciente e o subconsciente para outros afazeres ou pensamentos. Muitas ideias inovadoras surgiram de momentos em que a pessoa não estava trabalhando ou enquanto estudava.

Brainstorming

Conversar com pessoas diferentes e que atuem em outras áreas também pode ajudar no processo de criação. Durante esse tipo de troca de ideias, todas as sugestões precisam ser compartilhadas e ouvidas, por mais insignificantes que possam parecer a princípio. Encontros como esses podem produzir ótimas ideias a partir da experiência e do conhecimento de cada participante. Ao conduzir um *brainstorm*, atente aos seguintes cuidados:

- *elimine a possibilidade da crítica (por palavras, gestos ou expressões);*
- *elimine julgamentos de certo ou errado;*
- *ajude as pessoas a "pegar carona" nas ideias;*
- *mantenha as pessoas focadas na pergunta de ruptura;*
- *valorize o fato de as pessoas estarem reunidas, mostrando quanto isso potencializa os resultados;*
- *traga exemplos que inspirem as pessoas a ser criativas;*
- *registre todas as ideias, sem exceção;*
- *se o encontro for presencial, não permita que fique cansativo; seja divertido ou mesmo entusiasmante;*
- *evite dar ideias;*
- *valorize cada pessoa, honestamente.*

Diversidade

Estimule as pessoas a se reunirem com outras totalmente diferentes quanto à forma de ser, viver, sentir e pensar. Viver a diversidade é se colocar de frente para um novo mundo todo dia. A liderança pode incentivar esse aspecto investindo na própria diversidade do time, no entrosamento com outras pessoas e áreas, sugerindo diferentes negócios e até com experiêncías de empatia.

Espiritualidade

Diferentemente de religião, a espiritualidade abre visões e transcende realidades. Muitos programas de expansão da consciência propiciam um novo olhar, um novo padrão de comportamento, inclusive transformações pessoais.

Leitura e estudo

Se existe uma forma barata e fácil de adquirir conhecimento e de interagir é a leitura. Pessoas que leem muito tendem a pensar melhor. De forma criativa, a liderança de quarta onda deve estimular a leitura em sua equipe, até que as pessoas se interessem por textos cada vez mais profundos e amplos. A leitura não deve se restringir a livros de negócios e autoajuda, a ficções e romances, mas abranger obras de filosofia, arte, história, biografias e tantas outras que oferecem uma visão mais transcendente da vida.

Resiliência

Resiliência é uma capacidade treinável. Essa é a boa notícia. E a melhor forma de treiná-la é colocando dificuldades e problemas para as pessoas resolverem. Os desafios existem para moldar os indivíduos, não para os destruir. A sensibilidade do líder pode desenvolver a resiliência de seus liderados por meio da imposição de desafios certos na hora certa. Contar com pessoas que estejam prontas para o que der e vier ajuda a pensar criativamente.

___ QUARENTA PRÁTICAS PARA O LÍDER EXPANDIR A CRIATIVIDADE ___

1. Elimine o "mas", adote o "e".
2. Diga: Você já conhece o problema, pense em uma solução e me traga.
3. Faça reuniões periódicas de vinte minutos de brainstorm.
4. Faça expedições de aventura com sua equipe.
5. Crie um ambiente de alegria e bem-estar.
6. Lance perguntas provocadoras em painéis e outros dispositivos para o grupo.

7. Cocrie um ambiente onde todos podem falar tudo de todos (com regras de respeito).
8. Promova palestras e leve a equipe a eventos transformadores.
9. Eleja uma palavra ou metáfora para um problema.
10. Abra um canal de escuta a todos da comunidade organizacional.
11. Incentive a leitura.
12. Estimule a equipe a identificar normoses.
13. Crie um quadro ou abra uma janela em um dispositivo para "ideias dos loucos".
14. Estimule pessoas a fazer algo diferente.
15. Pense em *job rotation*.
16. Patrocine cursos de autoconhecimento e autodesenvolvimento.
17. Traga a arte para dentro da organização.
18. Abra espaço para que as pessoas revelem outros talentos.
19. Escreva e-mails bem-humorados.
20. Mande mensagens especiais e inspiradoras para as pessoas.
21. Utilize instrumentos ou ambientes de descompressão.
22. Estimule as pessoas a assistir a filmes e ir ao teatro.
23. Incentive-as a se envolver com crianças.
24. Leve-as para resolver um problema social *in loco*.
25. Proponha dilemas locais para ser discutidos.
26. Valorize o envolvimento com música, dança e artes plásticas.
27. Proporcione estudos fora do país.
28. Proporcione visitas técnicas a outros negócios.
29. Promova intercâmbio cultural.
30. Inspire as pessoas a participar de grupos de futuristas.
31. Pratique com elas o *mindfulness*.
32. Cocrie ambientes físicos que inspirem ideias.
33. Cocrie premiações divertidas e criativas.
34. Incentive a prática de esportes.
35. Estimule os cuidados com o corpo.
36. Envolva as famílias com o ambiente de negócios.
37. Use a tecnologia para a criatividade.
38. Pesquise e experimente as melhores práticas das empresas criativas.
39. Pratique ginástica cerebral com a equipe.
40. Dê atenção ao lado intuitivo de todos.

___ PENSAR EM ABUNDÂNCIA ___

Formado em biologia molecular, medicina e engenharia aeroespacial, Peter Diamandis inspirou a "teoria da abundância". Apaixonado pelo espaço sideral, e ciente do que amava desde cedo, persistiu até ter sucesso. Em sua trajetória empreendedora, fundou doze empresas e ofereceu incentivos à inovação.

Entre as suas realizações estão a Students for the Exploration and Development of Space – SEDS, uma organização estudantil criada em 1980 e voltada à exploração e ao desenvolvimento de projetos espaciais; a International Space University – ISU, de 1987, que oferecia cursos de pós-graduação em gestão espacial em seu campus na cidade de Estrasburgo, França; a X Prize Foundation, em 1994, que premiava inovadores capazes de mobilizar seu capital intelectual e financeiro para melhorar o mundo; a Zero Gravity, em 1994, que oferecia a experiência de gravidade zero a turistas em voos comerciais; a Singularity University, em 2008, que buscava demonstrar o potencial das tecnologias exponenciais para solucionar os grandes desafios da humanidade.

Esse autêntico visionário nos convida a pensar o futuro com otimismo, tendo ao seu lado cientistas como Craig Venter e Dean Kamen, o psicólogo experimental Steven Pinker e Matt Ridley, autor de *The rational optimist*, entre outros. Diamandis criou a metáfora da tecnologia como uma escada que nos leva às laranjas que estão nos galhos mais altos das árvores. Se retiramos as frutas dos ramos mais baixos, teremos escassez até que disponhamos da tecnologia (a escada) para chegar ao cimo, isto é, à abundância. Ele nos mostra que é possível fazer mais do que acomodar-se e queixar-se, apostando no "faça você mesmo", ou seja, em se ter iniciativa e correr atrás de suas metas, em enfrentar os problemas e resolvê-los, dos mais simples aos mais complexos, desde que estejam ao seu alcance.

Diamandis questiona a maneira como as pessoas percebem o mundo e nos traz a perspectiva da Pirâmide da Abundância, em cuja base encontram-se comida, água e moradia, ao lado de questões elementares para a sobrevivência. No meio dessa pirâmide estão os elementos catalisadores do crescimento, a energia, as amplas oportunidades de educação e o acesso à comunicação e à informação. No topo está a liberdade e a saúde, para que qualquer indivíduo possa contribuir com a sociedade.

___ O FUTURO DO TRABALHO ___

Cada vez mais a tecnologia substituirá os trabalhos repetitivos realizados por seres humanos. Podemos notar que atividades vinculadas a dados, respostas e interação previsíveis já estão gradualmente sendo feitas por robôs. O que restará aos seres humanos? Funções que requerem talento, criatividade e inovação. Seres humanos adotarão um novo papel no futuro, quando serão os protagonistas da criatividade.

O grande desafio do senso de inovação dos líderes é entender que o sistema social não preparou as pessoas para a liberdade do pensar. O sistema quer que as pessoas não errem, e se for para tentarem algo diferente, deve ser para acertar. Não há como introduzir uma mentalidade inovadora em profissionais que têm medo de errar. O papel crucial dos líderes é estimular as tentativas, entender os erros e buscar os acertos e melhorias sem traumas.

> *O papel crucial dos líderes é estimular as tentativas, entender os erros e buscar os acertos e melhorias sem traumas.*

Por que mudar o *mindset*?

Podemos entender *mindset* como modelo mental estabelecido, fixo e concreto. Em um mundo mutante, rever os *mindsets* é fundamental por uma razão muito simples: é uma forma de aumentar a capacidade de raciocínio e adaptar-se a novas realidades. São as conexões entre os neurônios no cérebro que determinam a nossa capacidade mental. Nossas experiências determinam o tipo de conexões que faremos, o modo como vamos estruturar as relações entre os neurônios.

Até pouco tempo atrás, acreditava-se que esse processo se completava quando o indivíduo alcançava os 18 anos, aproximadamente. A partir daí, a capacidade cerebral só tinha um caminho: ladeira abaixo. Porém, segundo Danah Zohar, uma especialista em quebra de paradigmas, "hoje os neurocientistas sabem que pessoas de mais de 90 anos ainda têm condições de mudar as conexões em seu cérebro".

Novas conexões, relacionadas a novos paradigmas, levam a novas maneiras de se ver o mundo. Se você é um pescador em uma pequena cidade no litoral do Maranhão, pode manter a mesma estrutura de pensamento que tinha aos 18 anos, porque o ambiente à sua volta não mudou muito. Se vive em uma cidade grande, se trabalha em uma empresa que lida com situações instáveis e progressos há pouco tempo inimagináveis, não pode se dar o luxo de não mudar as conexões do seu cérebro.

A física clássica, segundo Zohar, deu-nos uma série de paradigmas para entender a realidade. "Nós vivemos num mundo de organizações newtonianas, que raciocinam com a certeza e a previsibilidade. Elas são hierárquicas: o poder emana do topo e o controle é vital em todos os níveis. Elas frisam um único ponto de vista, a melhor maneira de ir para a frente. Elas são organizadas e gerenciadas como se a soma de suas partes explicasse o todo."

Mas a especialista norte-americana propõe um novo modelo, baseado nas ideias, na linguagem e nas imagens das novas ciências – a física quântica, as teorias do caos e da complexidade, as últimas descobertas sobre o funcionamento do cérebro.

Quais são, segundo Danah Zohar, os novos paradigmas trazidos pelas novas ciências?

1. Holismo, não atomismo

2. Indeterminismo

3. Auto-organização

4. Ambos, não um ou outro

5. O mundo é incerto

6. Potencial, não real

7. Universo participativo

8. O vácuo

E como aplicar esses novos paradigmas? Segundo Danah Zohar, a receita é simples: diálogo.

A técnica de diálogo disruptivo tem seis pontos:

- *Descobrir, no lugar de saber. É investigar junto com o outro, em vez de bater-se pela sua certeza.*
- *Perguntas, não respostas. Não é ensinar, é explorar possibilidades novas.*
- *Partilhar, não ganhar. Não há ponto de vista melhor, há propostas.*
- *Igual, não superior. Todas as posições são válidas, devemos aprender com todos.*
- *Reverência, não poder. Não há imposição de ideias, há gratidão pela riqueza de cada experiência.*
- *Escutar. Dialogar é explorar novas possibilidades.*

Qualquer ambiente que esteja aberto ao novo e revendo *mindsets* inspira as pessoas a pensar além, a investigar e trazer elementos futuristas.

___ LIDERANÇA VISIONÁRIA, INTUITIVA E FUTURISTA ___

Ambientes e cultura de quarta onda requerem um comportamento descolado da liderança. Esse comportamento é baseado na lógica do relacionar-se, do lidar com as pessoas, com os contextos e com o mundo, na maneira de decidir. Os novos tempos exigem um novo nível de consciência na forma de olhar para a realidade. Podemos enxergar a realidade pela lente do que passou ou pela do que está por vir. Incorporar todas as visões é uma maneira integral de liderar, em que passado, presente e futuro se fundem em um campo responsivo e intuitivo que forma e informa.

Cada vez mais, as organizações precisarão de pessoas tecnicamente preparadas e, não menos importante, com elevadíssimo grau de intuição e consciência. Serão pessoas antenadas e promotoras de grande sincronicidade.

Sincronicidade é definida por Carl Jung como "uma coincidência significativa de dois ou mais eventos em que algo mais do que a probabilidade do acaso está envolvida".

Então, trata-se de um fenômeno que estabelece as bases do entendimento do "acaso" em um nível mais profundo. Assim, não estamos mais falando de aceitar "coincidências felizes", mas da compreensão dos acontecimentos fortuitos, dos encontros casuais, do surgimento de novas combinações de competências. De todo tipo de "sorte"!

Todos nós já vivemos esses momentos perfeitos, quando eventos que nunca poderiam ser previstos ou controlados notavelmente parecem nos guiar em nosso caminho.

Jung chamou esse fenômeno de sincronicidade, uma colaboração entre pessoas e eventos que parece contar com a cooperação do destino. Portanto, com o estado de espírito certo emergirá de você a pessoa que confia no destino e aproveita a sincronicidade, criando as condições para a ocorrência de "milagres previsíveis".

Os próximos tempos trarão o caminho interior de liderança para aqueles que se sentem chamados a atingir seu pleno potencial, usando a própria história de vida para ensinar aos colaboradores uma verdade maior. Assim, muitos vão descobrir seu poder interno para ajudar as realidades futuras – ou as ideias que se manifestarão – a se desdobrarem; vão aprender a "ouvir" as realidades que querem aparecer neste mundo e a ter coragem de ajudá-las a nascer.

Para que um líder possa estimular o surgimento de ideias e permitir que elas sejam verbalizadas pelas pessoas, apresento quatro fatores que impulsionam esse movimento criativo:

1. Saber trabalhar com pessoas geniais.
2. Não descartar nenhuma ideia, mesmo que lhe pareça idiota; testar todas.
3. Estar na companhia de gente criativa.
4. Proporcionar o máximo de trocas.

___ OS TIPOS DE IDEIAS ___

Quando pensamos em soluções que possam representar novos modelos, recursos, oportunidades ou ganhos, é possível recorrer a seis tipos de ideias que nos ajudam a constatar se estamos explorando todo o universo de possibilidades do pensar.

Quais são elas?

- *Ideias experimentadas* – ideias que já foram colocadas em prática anteriormente e talvez sejam úteis na atualidade.
- *Ideias óbvias* – ideias corriqueiras, que todo mundo conhece; são aquelas que surgem de pronto em nossa mente.
- *Ideias tradicionais* – ideias conhecidas e aplicadas pelos concorrentes, mas nunca experimentadas pela equipe.
- *Ideias "fora da caixa"* – ideias nunca divulgadas e nas quais ninguém havia pensado antes, mas que fazem muito sentido; surgem pela lógica da evolução.

- ***Ideias transcendentes*** *– ideias aparentemente absurdas, mas, ao mesmo tempo, instigantes; trazem um olhar inédito e não óbvio, indo além do "fora da caixa"; não aparecem pela lógica de evolução.*
- ***Ideias loucas*** *– ideias nunca pensadas, absurdas e inteiramente irreais, mas necessárias para abrir a mente para as ideias transcendentes e "fora da caixa".*

Lembre-se de que a lógica o leva de A para B, mas a imaginação o leva a qualquer lugar, como dizia Einstein.

Retomando o pensamento divergente, é importante ressaltar que ele envolve tudo que contrasta com a realidade. Permite ampla e irrestrita participação sem a conotação de certo ou errado. As ideias são aceitas em suas mais diferentes naturezas.

A construção da inovação necessita de ideias diferentes, que se misturem ou que uma pegue carona na outra, e assim gerem outras ideias novas e diferentes.

Um dos segredos de se explorar o pensamento divergente é focar o volume de ideias, não só a qualidade. No fundo, o que conta é o volume gerado. Quanto maior e mais diversa for a quantidade de ideias, maior será a chance de se encontrarem boas propostas e soluções.

___ PENSAMENTO CONVERGENTE ___

Após serem levantadas muitas opções e caminhos a seguir para solucionar-se um problema, encontra-se um ponto de confluência, ou seja, as pessoas se põem em acordo quanto ao que acreditam ser a melhor escolha por meio de um pensamento convergente.

Para transformar um grande volume de ideias em uma ação consensual, é necessário algum processo de triagem para se encontrar a opção mais adequada.

Entre as várias formas de se chegar à melhor solução, destaco:

- ***Senioridade decisória:*** *quando alguém tem conhecimento e notoriedade suficiente para decidir sozinho sobre algo.*
- ***Critérios técnicos:*** *quando o grupo toma uma decisão baseado em critérios previamente definidos, em que as várias ideias vão se encaixando ou não.*
- ***Votação:*** *quando o grupo tem conhecimento e discernimento suficientes para escolher a melhor solução por maioria.*
- ***Prototipagem:*** *realizar experimentos pequenos e breves como um embrião para testar a viabilidade mínima da proposta ou do projeto.*

LÍDER QUÂNTICO E GESTÃO DO INVISÍVEL

Quântico? O que é isso?

Em 1900, o físico Max Planck postulou que a continuidade da energia não seria tudo, e também que a energia existia em doses ou unidades discretas que ele chamou de "quanta". *Quantum* significa quantidade. Outros físicos deram prosseguimento aos estudos e ofereceram notáveis contribuições à ideia quântica, que defendia conceitos que confrontavam a física clássica de Newton. Einstein, por exemplo, mostrou que a própria luz se comporta como onda e como partícula, dependendo do observador. Anos mais tarde, Niels Bohr apresentou a teoria de que um elétron salta de uma órbita para outra, emitindo uma quantidade de energia luminosa, e que isso se dá de forma descontínua. Daí o termo "salto quântico". A partir de então, inúmeros físicos e estudiosos se envolveram em pesquisas e criação de fórmulas que pudessem explorar a enorme vala aberta de possibilidades para a ciência.

Quântico, no contexto deste livro, refere-se a "menor parte". Defino líder quântico como aquele que possui a capacidade de ver, sentir e atuar na menor parte, no sutil, naquilo que não se vê nos indicadores e nos relatórios, no que está por trás. As grandes coisas são verdadeiramente afetadas pelas pequenas.

Quando caminhamos em uma trilha no mato, é bem mais provável tropeçarmos em uma pedra pequena do que em uma grande. Simplesmente porque enxergamos a pedra grande com facilidade, mas não vemos a pequena; talvez nem quando caímos sabemos ao certo qual foi a pedrinha responsável. A excelência está nas pequenas coisas.

Da mesma forma, empresas têm suas pedras grandes e pequenas ao longo do caminho. As grandes questões são, muitas vezes, evidentes. Profissionais que saem dos cursos de administração e de pós-graduação estão preparados para tratar das questões maiores, básicas ou tradicionais. Quando chegam às empresas, percebem que não é somente observando e tratando das grandes questões que se resolvem os problemas. Primeiro porque uma empresa é um emaranhado de questões, e todas têm uma influência precedente. De forma geral, não fomos educados para ver o sutil que precede a tudo, as causas primárias ou fatores críticos de sucesso. Ter a capacidade de ver e atuar no sutil é uma forma de conduzir pessoas e negócios a partir das pequenas coisas. Isso é o que faz, no contexto deste livro, um líder quântico de quarta onda.

Ter uma visão quântica é identificar possibilidades nas sutilezas. É entender que tudo está correlacionado e que as interfaces influenciam os resultados. Um funcionário que trata mal um fornecedor pode afetar uma área de logística em outro país.

Por exemplo, existe uma empresa siderúrgica que atua em alguns países. Certa vez, um gestor de contratos resolveu apertar um fornecedor de logística nas plantas das usinas. O funcionário, pressionado pelo chefe, que queria mostrar resultado ao diretor e ascender na carreira, precisou renegociar o contrato com determinado fornecedor. Este, por sua vez, não tinha mais margens para ceder ganhos à siderúrgica, então não teve outra alternativa senão firmar pé nos valores já praticados. A pressão e o jogo feito para se obter vantagens acabou por tirar o fornecedor das plantas e a empresa contratou outra firma de logística por um valor menor. No entanto, o novo parceiro não conhecia os processos e começou a cometer uma série de falhas dentro das plantas, uma das quais resultou na interrupção de um processo produtivo. Diante do problema, o gerente da usina culpou o setor de contratos. O gestor da área teve que se envolver na discussão e acabou se desgastando perante a companhia.

> *Ter a capacidade de ver e atuar no sutil é uma forma de conduzir pessoas e negócios a partir das pequenas coisas.*

Mas, em paralelo, o desempenho dessa planta estava sob a mira de um alto executivo da matriz, que também acabou se envolvendo na questão porque fazia daquele projeto uma incubadora de resultados para aplicar em outras plantas. Ele levou o caso à vice-presidência, que geria as regras e processos internacionais de contratos. Essa mesma vice-presidência analisou o ocorrido e resolveu mudar toda a política de contratação da empresa, novamente melhorando a relação com fornecedores, e exigiu cancelamentos de contratos. Esse processo fez que toda a área fosse reformulada, e a promoção tão esperada pelo gestor se transformou em um reajustamento de cargo e equiparação de funções.

Esse fato realmente ilustra que cada pequena decisão tomada tem um grande impacto em uma empresa, e esse impacto influencia o todo e retorna à sua fonte de forma às vezes incontrolável. Dessa maneira, constatamos que tudo está interligado e que ter a visão quântica desse emaranhamento facilita a manifestação da consciência nas decisões cotidianas. Isso é o que chamamos de ***quanta* visão**. A visão do impacto das pequenas coisas, das pequenas decisões, das pequenas atitudes e das pequenas reações que temos no plano macro e no todo. Ter uma gestão do invisível é um atributo importante da quarta onda.

A liderança fluida de quarta onda é facilitadora de um processo contínuo do coletivo criativo como a nova força motriz de uma organização.

___ RESUMO DO CAPÍTULO ___

Liderança fluida de quarta onda é promover a inovação.

Inovação demanda uma nova consciência para lidar com pessoas e o mundo.

Pode-se inovar olhando para trás, pelas normoses, ou para o futuro, pelas oportunidades e pensamento disruptivo.

A pergunta de ruptura é catalisadora de ideias nos grupos.

Pensamento divergente seguido de pensamento convergente dão o tom da inovação.

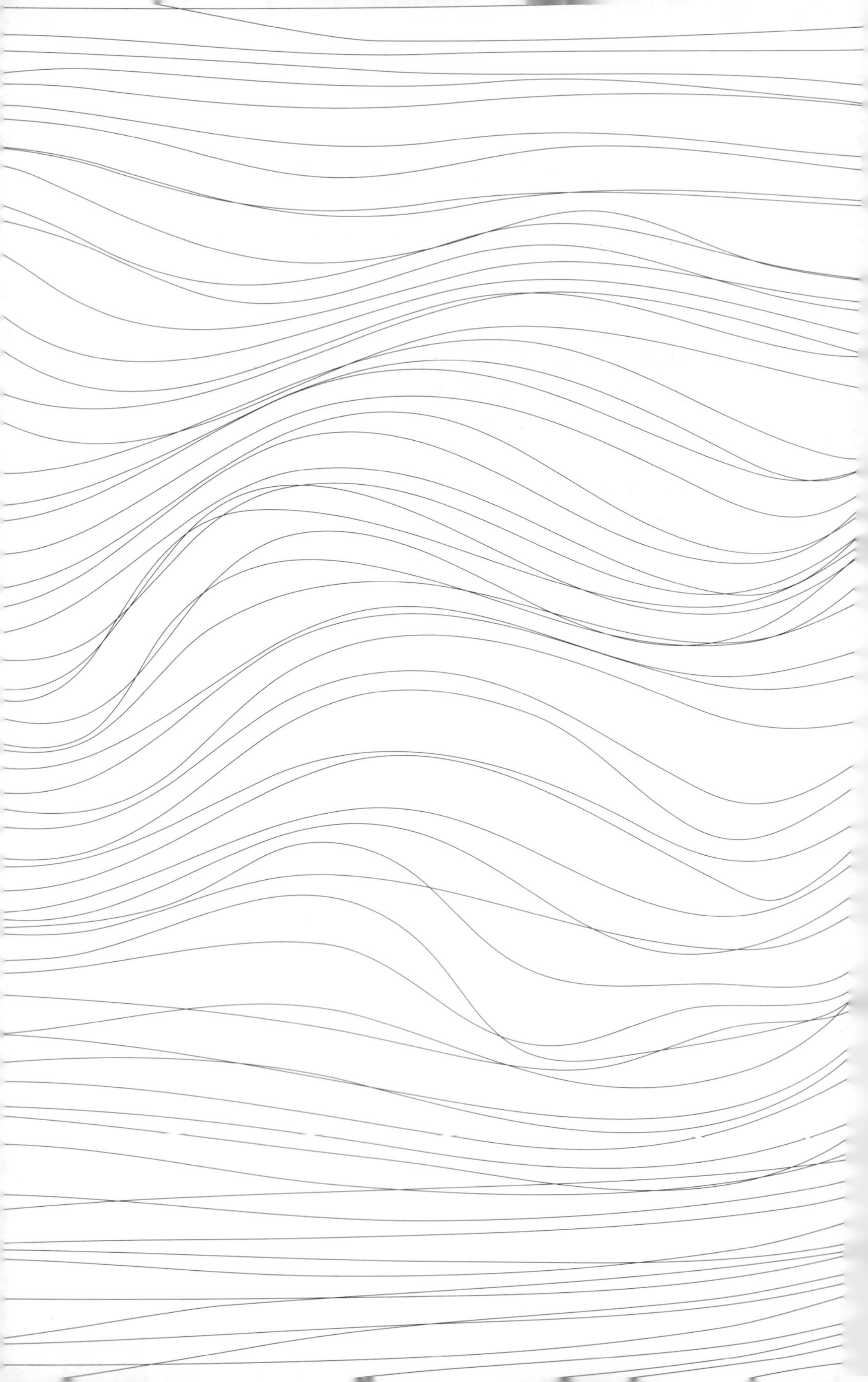

___ CAPÍTULO 7 ___

LIDERANÇA FLUIDA APLICADA

Modelo da liderança fluida e as quatro ondas

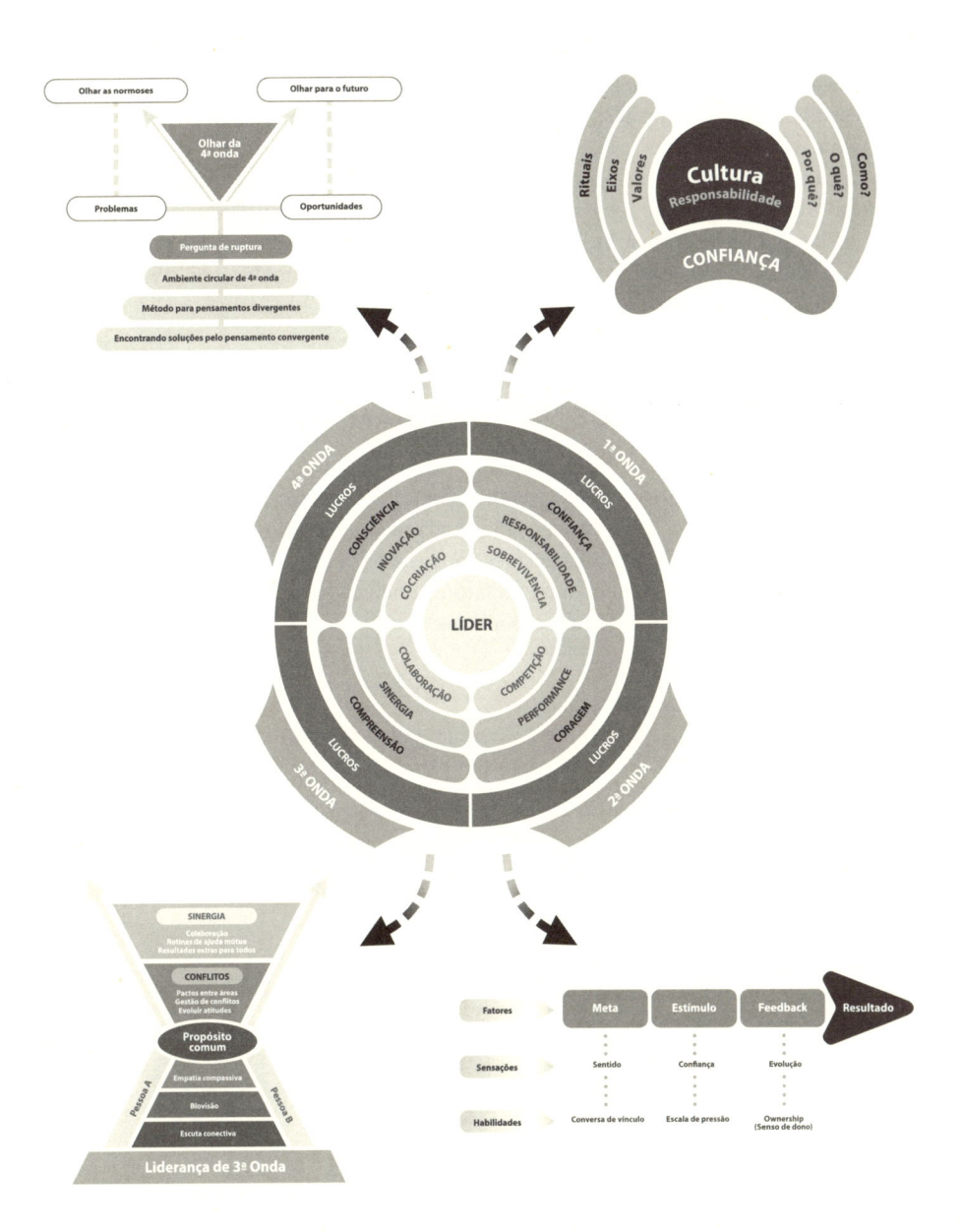

___ O SIGNIFICADO DA LIDERANÇA FLUIDA ___

Após dez anos experimentando o conceito de liderança fluida, com a participação de mais de 5 mil líderes em diversos tipos de organizações e negócios, constatamos que o modelo, se bem aplicado, traz alto impacto na cultura e no desempenho das empresas, bem como mudanças na forma de viver e produzir das pessoas.

Liderança fluida envolve usar as quatro ondas na proporção certa para cada contexto, a fim de que impacte as equipes de trabalho e gere os resultados esperados.

Fluir é transitar, transcender e permear em contínuo movimento.

Liderança fluida é não se prender a estilos, formatos e moldes; tem a ver com adaptar, respeitar, sentir e movimentar.

___ FATORES QUE INFLUENCIAM AS ONDAS ___

É por meio da percepção e do conhecimento dos elementos organizacionais que o líder determina a onda a ser usada, qual movimento e em que nível.

A seguir, veremos algumas sugestões para usar as ondas.

O primeiro preceito é entender os fatores que são influenciadores e exigem comportamentos organizacionais específicos.

FATORES EXTERNOS	FATORES INTERNOS
Concorrência	Cultura e estilo
Mercado	Processos
Produto/serviço	Normas e regras
Tecnologia	Riscos, saúde, segurança
Comunidade	Pessoas - qualidade e volume
Governo e leis	Recursos
Ambiente	Maturidade

MODELOS DE APLICAÇÃO DA LIDERANÇA FLUIDA

Nos exemplos que serão apresentados, os percentuais se referem a tempo e energia gastos no processo, assim como à distribuição pelas ondas.

Trago quatro modelos que representam quatro ondas diferentes. Nesses modelos, é possível notar a tônica central do negócio, não significando que vibre somente nesse nível. Em seguida, apresento as diferentes nuances entre as áreas e, dentro delas, os distintos impactos das quatro ondas sobre a liderança.

Dessa forma, você verá que a liderança fluida é aplicada de forma também fluida, permeando toda a organização.

O ponto a se destacar é que quando se casa a cultura da onda com a área e as pessoas, as coisas tendem a fluir e se promovem melhor desempenho e ambiente alta e positivamente energizado.

Tipo de negócio: siderurgia

Negócio
Movimento principal: primeira onda.
Razão: manter padrões e estabilidade operacional para garantir segurança às pessoas e qualidade de entrega no prazo.

Área comercial
Movimento principal: segunda onda.
Razão: manter um espírito de alta performance canaliza a competição positivamente.

Impacto proporcional das ondas sobre a liderança na área comercial
Segunda onda: 60%.
Terceira onda: 20% – os vendedores precisam trocar experiências.
Primeira onda: 10% – os vendedores precisam seguir processos e regras.
Quarta onda: 10% – os vendedores precisam pensar em novas formas de vender.

Área da laminação
Movimento principal: primeira onda.
Razão: manter os processos funcionando, garantir a produção e não ter acidentes.

Impacto proporcional das ondas sobre a liderança na área da laminação
Primeira onda: 60%.
Terceira onda: 25% – os funcionários precisam lidar bem com os pares.
Segunda onda: 10% – os funcionários precisam buscar a máxima eficiência.
Quarta onda: 5% – os funcionários podem propor ideias de melhorias.

Área de RH
Movimento principal: terceira onda.
Razão: manter integração, fluxo, retenção de talentos e desenvolvimento apurados.

Impacto proporcional das ondas sobre a liderança na área de RH
Terceira onda: 40%.
Quarta onda: 30% – a equipe precisa incorporar o digital em suas funções.
Segunda onda: 20% – a equipe precisa buscar a máxima eficiência.
Primeira onda: 10% – a equipe precisa seguir e fazer seguir os processos.

Área de TI

Movimento principal: quarta onda.
Razão: levar a organização para um mundo mais digital e de inteligência artificial.

Impacto proporcional das ondas sobre a liderança na área de TI

Quarta onda: 50%.
Terceira onda: 25% – a equipe precisa ter empatia e trabalhar integrada.
Segunda onda: 20% – a equipe precisa dar respostas rápidas.
Primeira onda: 5% – a equipe precisa seguir fluxos e metodologias ágeis.

Tipo de negócio: indústria automobilística

Negócio
Movimento principal: segunda onda.
Razão: manter produtos atrativos e competitivos de acordo com o nicho de mercado.

Área de produção
Movimento principal: primeira onda.
Razão: seguir padrões, garantir cumprimento de prazos e qualidade esperada.

Impacto proporcional das ondas sobre a liderança na área de produção
Primeira onda: 60%.
Segunda onda: 20% – a equipe deve buscar eficiência em custos.
Terceira onda: 15% – a equipe deve trabalhar integrada com os pares.
Quarta onda: 5% – a equipe pode contribuir com melhorias do processo.

Área de planejamento
Movimento principal: terceira onda.
Razão: envolver, integrar e engajar pessoas na execução do plano.

Impacto proporcional das ondas sobre a liderança na área de planejamento
Terceira onda: 40%.
Quarta onda: 35% – a equipe precisa enxergar à frente e buscar soluções.
Segunda onda: 20% – a equipe precisa buscar a máxima assertividade.
Primeira onda: 5% – a equipe deve estar atenta aos prazos e critérios.

Área de marketing
Movimento principal: quarta onda.
Razão: criar condições de envolvimento e necessidade marcantes no mercado, de forma inédita e assertiva.

Impacto proporcional das ondas sobre a liderança na área de marketing
Quarta onda: 40%
Terceira onda: 30% – a equipe precisa se relacionar muito com todos.
Segunda onda: 20% – a equipe precisa ter metas ousadas e se desafiar.

Primeira onda: 10% – a equipe precisa trabalhar com dados e números de toda natureza.

Área de suprimentos

Movimento principal: segunda onda.
Razão: buscar preços competitivos e reduzir custos.

Impacto proporcional das ondas sobre a liderança na área de suprimentos

Segunda onda: 70%.
Terceira onda: 15% – a equipe precisa ser habilidosa com fornecedores.
Primeira onda: 10% – a equipe precisa seguir as regras e políticas de compras e *compliance*.
Quarta onda: 5% – a equipe pode trazer ideias novas para os processos.

Tipo de negócio: instituição de ensino

Negócio
Movimento principal: terceira onda.
Razão: estruturar conhecimento por meio das relações humanas.

Área comercial
Movimento principal: segunda onda.
Razão: manter um espírito de alta performance para preencher as turmas.

Impacto proporcional das ondas sobre a liderança na área comercial
Segunda onda: 60%.
Terceira onda: 25% – os vendedores precisam se relacionar bem com todos.
Primeira onda: 10% – os vendedores precisam seguir processos e regras.
Quarta onda: 5% – os vendedores precisam pensar em novas formas de vender.

Área da secretaria
Movimento principal: primeira onda.
Razão: manter tudo limpo, organizado e funcionando com precisão e rapidez.

Impacto proporcional das ondas sobre a liderança na área da secretaria
Primeira onda: 50%.
Terceira onda: 25% – os funcionários precisam tratar bem a todos.
Segunda onda: 20% – os funcionários precisam buscar rapidez.
Quarta onda: 5% – os funcionários podem propor ideias de melhorias.

Área de professores
Movimento principal: terceira onda.
Razão: manter integração, fluxo, aprendizagem e retenção de alunos.

Impacto proporcional das ondas sobre a liderança na área de professores
Terceira onda: 50%.
Quarta onda: 40% – os profissionais precisam inovar na forma de dar aulas.
Segunda onda: 5% – os profissionais precisam buscar eficiência de aprendizagem.
Primeira onda: 5% – os profissionais precisam cumprir carga horária e prazos.

Área de curadoria

Movimento principal: quarta onda.

Razão: fazer a organização avançar na adoção de novas matérias, didáticas e formas de aprendizagem.

Impacto proporcional das ondas sobre a liderança na área de curadoria

Quarta onda: 60%.
Terceira onda: 30% – a equipe precisa integrar tudo e todos.
Segunda onda: 5% – a equipe precisa pensar no resultado final.
Primeira onda: 5% – a equipe precisa seguir as regras, políticas e valores.

Tipo de negócio: indústria de software

Negócio
Movimento principal: quarta onda.
Razão: inovar produtos e serviços continuamente e escalar o negócio.

Área comercial
Movimento principal: segunda onda.
Razão: manter um espírito de alta performance para envolver o consumidor e vender.

Impacto proporcional das ondas sobre a liderança na área comercial
Segunda onda: 50%.
Terceira onda: 20% – os vendedores precisam trocar experiências.
Quarta onda: 20% – os vendedores precisam pensar em novas formas de vender.
Primeira onda: 10% – os vendedores precisam seguir processos e regras.

Área de desenvolvimento de produtos
Movimento principal: quarta onda.
Razão: pensar "fora da caixa" e antecipar tendências que sejam lucrativas.

Impacto proporcional das ondas sobre a liderança na área de desenvolvimento de produtos
Quarta onda: 70%.
Terceira onda: 20% – a equipe precisa se relacionar com o mercado.
Segunda onda: 5% – a equipe precisa estudar a viabilidade mínima.
Primeira onda: 5% – a equipe deve cumprir o planejamento.

Área contábil
Movimento principal: primeira onda.
Razão: manter retidão, segurança e confiabilidade dos dados.

Impacto proporcional das ondas sobre a liderança na área contábil
Primeira onda: 65%.
Terceira onda: 15% – a equipe precisa da colaboração de todos com precisão.
Segunda onda: 10% – a equipe precisa ser responsiva.
Quarta onda: 10% – a equipe pode incorporar tecnologia digital para facilitar controles.

Área de relacionamento com investidores

Movimento principal: terceira onda.
Razão: construir relações saudáveis para o clima da organização.

Impacto proporcional das ondas sobre a liderança na área de relacionamento com investidores

Terceira onda: 85%.
Segunda onda: 5% – a equipe pode pensar em potencializar os negócios.
Primeira onda: 5% – a equipe precisa ter dados precisos.
Quarta onda: 5% – a equipe pode trazer ideias dos investidores para as lideranças.

___ UM BREVE ENSAIO FINAL: AS ORGANIZAÇÕES FLUIDAS E O SER HUMANO ___

Por mais que tenhamos um mundo regido pela inteligência artificial, pela robótica, por sistemas interligados autônomos que comandam, controlam e interagem conosco e entre si, o ser humano determinará o tom criativo dos acontecimentos. Tudo o que existirá no futuro servirá ao propósito humano, ou seja, terá o ser humano e seu ecossistema como motivo gerador. As organizações do futuro serão uma mescla de algoritmos organizados para a manutenção do ecossistema do qual homens e mulheres também fazem parte. Os próximos tempos organizacionais serão tocados como o jazz, em que há hora de seguir a partitura e hora do improviso. Os movimentos de expansão da consciência humana e o diálogo cultural cada vez mais acentuado provocarão camadas mais profundas de interação criativa, sociabilidade, intercâmbios e experimentos, trazendo novos níveis de perspectiva às pessoas. Viveremos tempos líquidos, voláteis, em que o impossível e o impensável se tornarão realidade. Seja fluido!

AGRADECIMENTOS

Quero deixar meus agradecimentos especiais a todos aqueles que me influenciaram com seus estudos e ideias, ajudando-me a conceber e sistematizar a liderança fluida. São autores referenciais e recomendo a você, leitor, que os leia.

Alvin Toffler
Peter Drucker
Tom Peters
Otto Sharmer
Peter Senge
Edgar Shein
Ken Wilber
Frederic Laloux
Stephen Covey
Antonio Damasio
Ken Blanchard
Jon Katzenbach
Fela Moscovici
Dave Logan
Dave Ulrich
John Kotter
Richard Barrett
Margaret Wheatley
Jim Collins
Gary Hamel
Dee Hock
Rajendra Sisodia
John Mackey
Fred Kofman
Aaron Beck
Lawrence Kohlberg

Para contratar palestra do autor, acesse:

www.louisburlamaqui.com.br

Para levar as ferramentas e a metodologia da liderança fluida para seu negócio, acesse:

www.jazzer.com.br/liderancafluida

Leia o QR Code e acesse uma videopalestra de Louis Burlamaqui sobre o livro *Dominio emocional em uma era exponencial.*

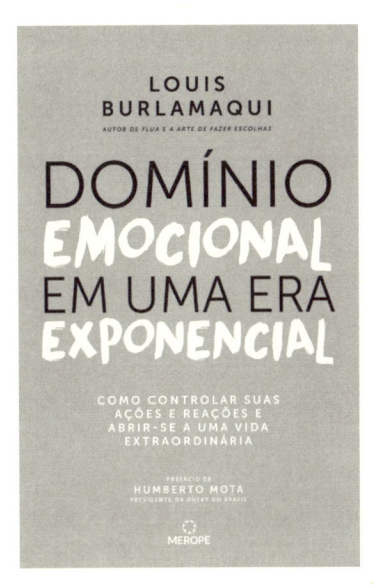

DOMÍNIO EMOCIONAL EM UMA ERA EXPONENCIAL

Como controlar suas ações e reações e abrir-se a uma vida extraordinária

Em um mundo exponencial e disruptivo, onde as velhas premissas não funcionam mais, é preciso adotar um novo modelo de vida.

Louis Burlamaqui traz uma abordagem inédita e consistente sobre nove estados emocionais pelos quais as pessoas passam no decurso de uma vida de mudanças e transformações.

O nível de adoecimento dos indivíduos, dos profissionais e das empresas vem se acentuando ao longo do tempo, e a causa disso são as emoções e a forma como os seres humanos lidam com mudanças, pressões, performance e vulnerabilidade.

A abordagem desse livro é completamente inovadora, pois trata as emoções pelas polaridades nas quais não há somente positivo e negativo; cada um manifesta suas reações mediante um nível de consciência que afeta a tudo e a todos integralmente.

FLUA

Pare de brigar com você e traga de volta seu alinhamento

Baseado em teorias e conceitos amplos de várias correntes da psicologia, da filosofia, da neurociência e do paradigma quântico, *Flua* é um livro de pura expansão da consciência.

Nele, Louis Burlamaqui expõe claramente por que as pessoas agem da maneira que agem, e como podem atingir a origem de seus problemas íntimos e relacionais, principalmente os que se repetem na vida.

O pressuposto básico de *Flua* é que a nossa jornada não precisa se resumir a luta e esforço. Quando paramos de brigar com nós mesmos e conseguimos nos centrar em nosso eixo, as coisas tendem a fluir e a vida passa a ser mais leve e prazerosa.

O livro é a síntese da teoria da fluidez pela aprendizagem e pelo ciclo noético.

Nós, seres humanos, não precisamos buscar propósito, significado e talento no mundo exterior. Tudo já está dentro de nós. O que devemos fazer é retirar os véus, as confusões e as regras não saudáveis que nos são impostas para que a clareza venha à tona e as melhores decisões fluam naturalmente.

A ARTE DE FAZER ESCOLHAS

Insights e contos baseados em princípios quânticos para manifestar o seu poder pessoal

O livro reúne mais de dez anos de estudo e treinamento em processos de aprendizagem de Louis Burlamaqui no Brasil e no exterior. Nele, o autor trata de assuntos complexos, como física e mecânica quânticas, de forma simples e direta, para serem aplicados no dia a dia.

Em textos que funcionam como ensinamentos, o leitor é convidado a repensar sua maneira de encarar a vida, aprendendo a ter uma atitude mais positiva e a fazer escolhas assertivas. Em um mundo cada vez mais competitivo, as dicas de Louis são de grande utilidade prática e irão "conversar com a alma" dos leitores.

TIPOLOGIA:	Utopia [texto]
	Interstate [entretitulos]
PAPEL:	Off-white 80g/m² [miolo]
	Cartão 300 g/m² [capa]
IMPRESSÃO:	Formato Artes Gráficas [janeiro de 2020]